松本白鸚

春陽堂書店

句と絵で綴る

余白の時間《とき》

K.

K.

いのちさもあらばあれ

新しき

やまひと評す

心にそ

有ぬはあるか

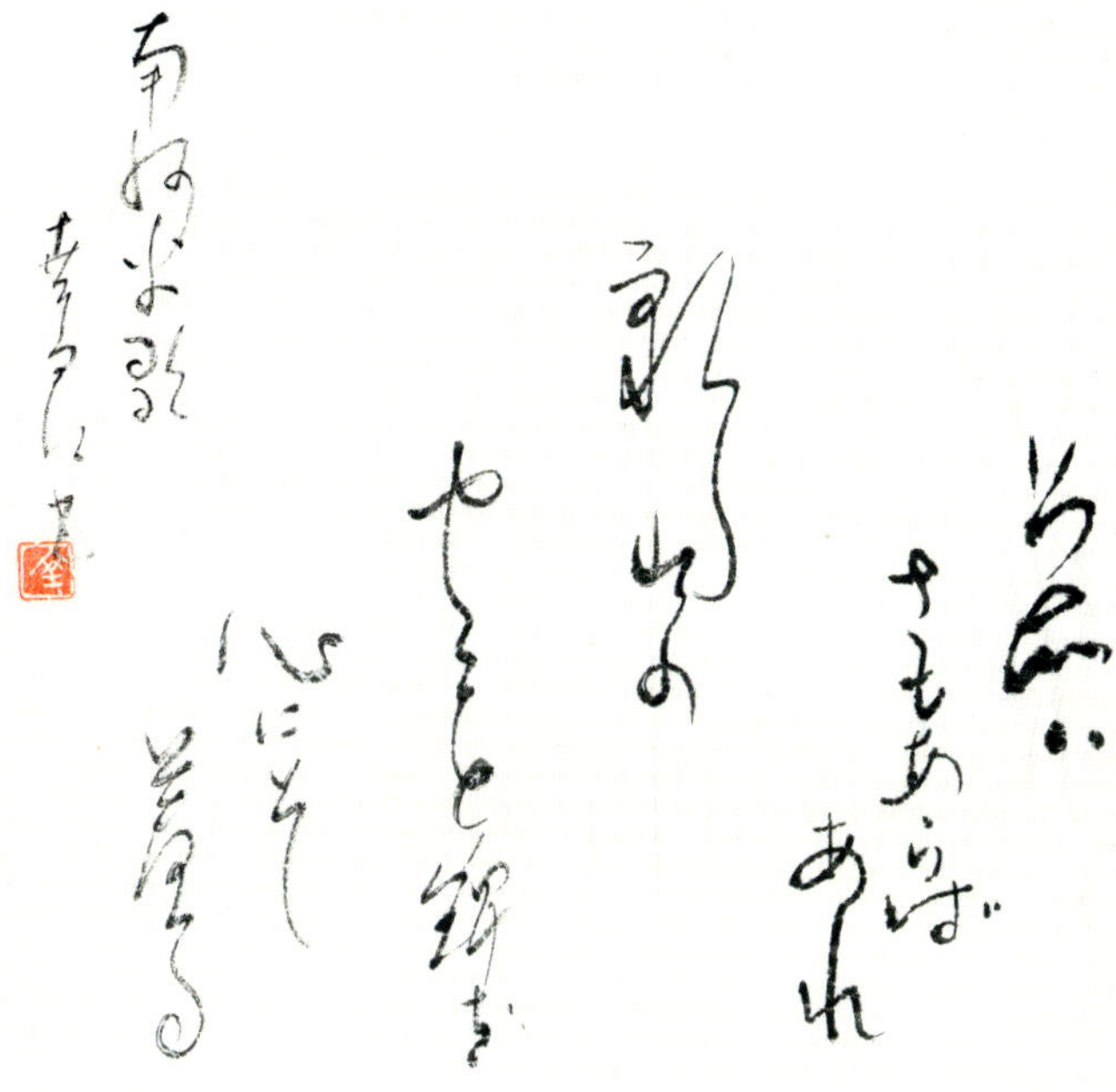

目次

K.

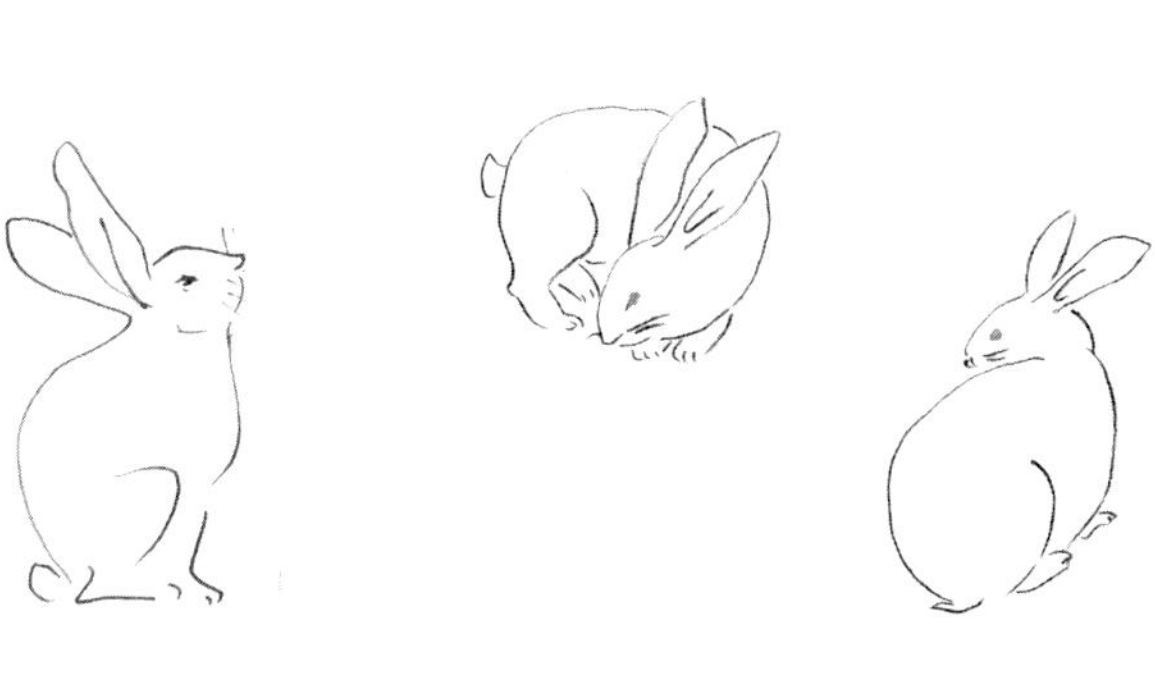

句と絵で綴る

余白の時間

折々の句と絵

舞台

平成二十年十月十五日　東大寺『勧進帳』千回の舞台にて

千年の佛千回の花役者

平成二十年五月　東大寺を訪ねて

五月雨の御堂の前の役者かな

五月雨に露けき袖や幸四郎

草萌ゆる旅路を歩む役者かな

五月雨の中に静けき盧舎那仏

五月雨の音静かなり東大寺

『妹背山婦女庭訓』「吉野川」大判事清澄を勤めて

花冷のもの憂き流れ吉野川

赤穂義士終焉の地　イタリア大使館（旧伊予松山藩中屋敷）を訪れて

もののふの衣擦《きぬ》れの音もみぢ散る

打ちあげて笑顔のならぶ初芝居

初午の掛け行灯や楽近し

木枯らしの中に楽日の役者かな

楽近し見上ぐる空に冬の月

冬ざれに筋隈《すじぐま》の紅燃ゆるかな

潔き汗の奈落に花一輪

平成二十三年春　こんぴら大芝居によせて

宗俊も肩をすぼめる寒さかな

東北大震災からの復興を祈って

琴平の薫風とどけよと祈りけり

昭和六十三年四月　先代三宅藤九郎氏米寿の祝ひに

わざおぎの齢寿ぐ柿若葉

K.

『ラ・マンチャの男』セルバンテス＝ドン・キホーテによせて

夢の騎士見上ぐる空にあげ雲雀

憂ひ顔の騎士の祈りに星しとど

キホーテと五十路の旅の青しぐれ

老騎士とサンチョパンサの朱夏《しゅか》の旅

『アマデウス』サリエーリによせて

五月雨はフォルテシモまたピアニシモ
サリエリの背なにやさしきさつき雨
陰鬱のウィーンの街さみだるる
凍空にサリエリの慟哭フォルテシモ

サリエリを勤め終へたり冬の月

日比谷にもディヴェルティメントの師走かな

凍空にカッサツィオーネの高らかに

映画『良寛』によせて

老僧の衣《ころも》の真下草萌ゆる

さみだれの墨染衣《ごろも》濡らしをり

良寛にすみれたんぽぽれんげ草

旅

奥入瀬、十和田湖吟行

奥入瀬の青葉ひかりのなかにをり

北国の湖を訪ふ朱夏の旅

夏の旅時間《とき》ゆっくりと流れけり

老人のまどろむでゐる夏列車

機関車の大暑の谷に入りけり

日盛りの裸足で帰る農夫かな

軽井沢の別荘へ

打ち上げて避暑地へ向ふ風涼し

清らかに初冠雪の浅間かな

雪降ると浅間いよいよ美しき

山荘の机のうへに仙翁花《せんのうか》

福島にて「安達ヶ原」を思って

おぼろ夜や鬼女の棲み家を訪ねけり

土佐の旅

右は海左は山の土佐の春

かげろふももゆる土佐路に来たりけり

四万十の川面は夏のひかりかな

冬凪の静けきなかの土佐にをり

川治温泉にて

残雪の今市の街通りけり

鮮やかに残る雪あり二荒山

二荒山夕陽に光る根雪かな

打ち上げて雪ふる街に着きにけり

しづやかに神の湯里の雪景色
山裾の伝七といふ宿雪あかり
さんざめく声の静まる寒昴
漆黒の夜となりたる冬の村
神々の心づくしの雪の山

迫りくる冬嶺神のごとくなり
粉雪の舞ふ奥鬼怒に着きにけり
湯の里に舞ふ粉雪の静かなり
里人のささやきのごと小雪ふる
山里に神あらまほし雪景色

湯けむりに粉雪溶けてしまひけり
鬼怒川の光る川面や春近し
奥鬼怒の山静かなり春の雪
立春の山また山の川治かな

修善寺にて

蝶飛んで鳥鳴きかはす宿の午後

あたたかき湯里の人の笑顔かな

ニューヨークにて

紺碧の空の高さに星条旗

ほのぼのと明けゆく冬のニューヨーク

冬空のことに影濃きエンパイヤー
朝焼けに浮かびし冬のマンハッタン
凍空に黒くそびゆる摩天楼
小雪舞ふセントポールの楽日かな

四季

新春

神の春とふとふたらりたらりらふ

ぼたん雪降るをながめてゐたりけり

乾坤の１９９９の賀状書く

レッドにもイエローにも見ゆ初日の出

読み終えしままの賀状の夕べかな

羽子《はね》つきも爪あげもなきお元日

松かざり菩薩とともに東路へ

松過ぎてブラック・メンソールの朝寝

制多迦童子像

初不動に詣でて

初不動祝ふがごとく今朝の雪

願い事もとより一つ初不動

幸せを小脇に生きる今日の春

幸不幸混ぜて降り来る春の雪

ひと掴みほどの幸あり今日の春

ぼうたんの風にほひけりおぎの髪

去年今年闘犬 never give up！

早春

残雪の山の端に出づ蒼き月

初夏

まどろみて五月雨の曲聴いてをり

枝ぶりの良き若楓《わかかえで》活《い》けにけり

ひとときを鉄線の香に憩ひけり

野いばらの路にふたりの影揺るる

夏

稜線のかなたに見ゆる雲の峰

またひとつ峠越へたり夏の旅

朱夏の陽にまどろむでゐる役者かな

黒馬の水浴びてゐる昼下がり

熱暑の名古屋　キホーテを勤めて

真実も事実も溶ける大暑かな

山頂の権現様《ごんげんさま》や蝉しぐれ

神祀るやしろ涼しきところかな

蓮の花御手にやさしき守護菩薩

甲子園これも十七歳の夏

神々が双肌をぬぐ夏野球

乾坤のこの一球ぞ甲子園

あと一球固唾のみこむ暑さかな

はじけたるポップコーンや夏野球

秋

墓参り童女のしろきうなじかな

はるかまで続く道あり秋夕焼

豊の秋うつして清し御膳水

北斎の面影を追ふ山の秋

紺碧の大天空へ曼珠沙華

秋風やそぞろあるきの御堂筋

日輪にむかひて秋の道はるか

平戸巡業の車中にて

夕闇のなかに横たふ刈田かな

ジーザスと見まごふ野路の案山子かな

冬

お堀端暮れて師走の人の波

寒熱風夢の旅路の中にをり

仰ぎみる冬枯れの山静かなり

幾千の木漏日ゐただき山眠る

鐵斎の描きしごとき雪景色

名も知らぬ街あとにして寒月光

今年また神にまみえむ冬の旅

蒼茫と湯里を照らす冬の月

冬麗の湯里の人の笑顔かな

冬の月一すじの路《みち》照らしをり

冬の山悲しきほどに静かなり

旅立ちの空晴れてをり冬薔薇《ふゆさうび》

冬の山大神《おおがみ》のごとおはすなり

偲

十七代目中村勘三郎の小父を偲んで

花吹雪につつまれゆきし人想ふ

宿にゐて亡き人想ふ菜種梅雨

二代目中村又五郎さんの訃報を旅先で聞いて

寒椿散るが如くに又播磨《またはりま》

家族

亡き母を偲んで

今年また蝉鳴き初《そ》めて思ふこと

我が庭の椿を手折りて母に

歳月を重ねてけふの寒椿

冬日和母の佳き日は暖かき

母の背に冬あたたかき日のさせり

鎌倉の家

鎌倉に寒椿咲く日和かな

新婚の我が家にて

ベコニアを植ゑて涼しきテラスかな

籐椅子に妻まどろむでゐたりけり

おぼろ夜に聞こゆる妻の旅支度

桜守佐野藤右衛門師より長女に贈られし苗木によせて

洛北のくれなゐ淡き紀保桜

七代染五郎の『ハムレット』によせて

早春のハムレットしなやかにしなやかに

早春にハムレット舞ひ語りけり

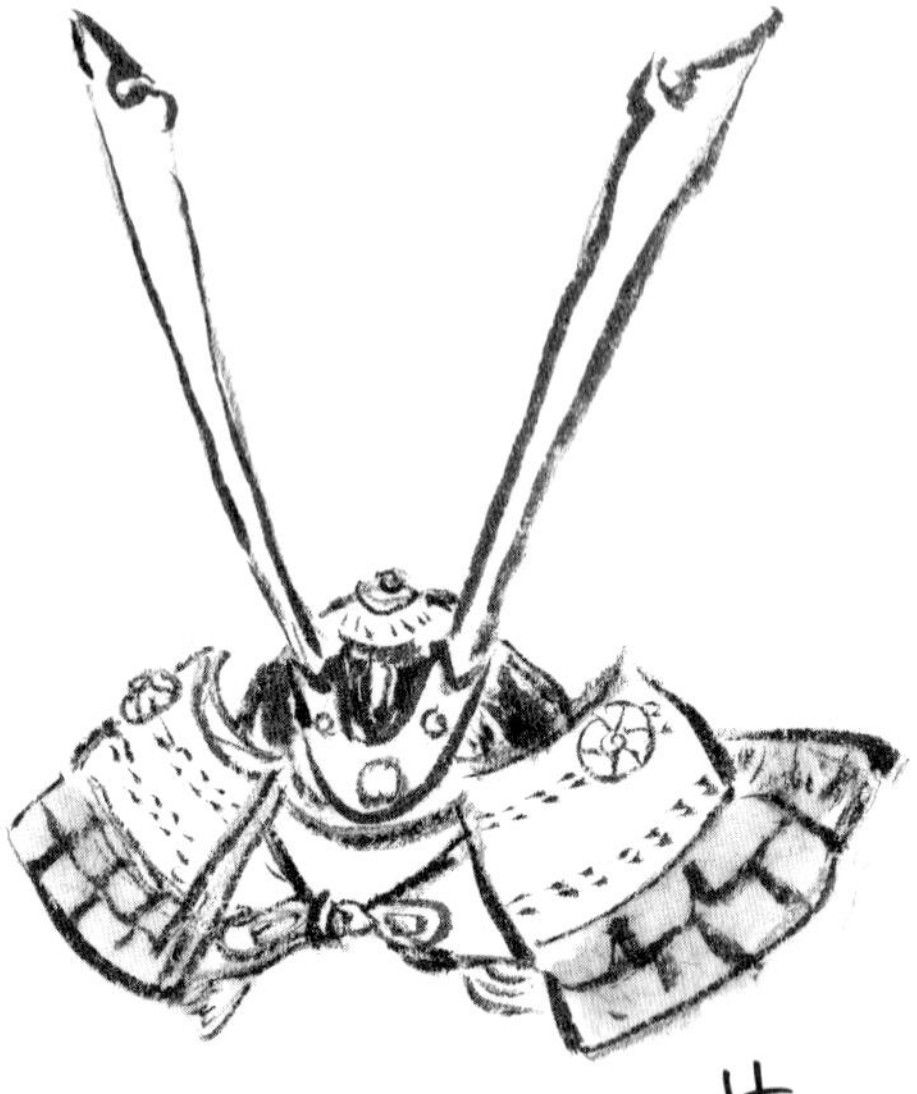

ぼたん雪降るを眺める隆子かわいい

去りがたく吾子の手折りし杜鵑草《ほととぎす》

避暑地からなつかしく子に文書けり

平成十五年十二月　嫁の園子によせて

凛として佳き日の園子寒椿

平成二十一年六月　孫の金太郎初舞台によせて

初夏《はつなつ》の光りの中の初舞台
名を襲ふ孫初舞台花菖蒲
初舞台浴衣姿の金太郎
四代目の金太郎なり風薫る

薫子といふ名春風のごと頬なでる

夏空の如《ごと》孫の汰結《たゆ》笑ひけり

二代白鸚として

平成三十年十一月　三代襲名を了え

勝負せりあとに悔ひなき冬日さす

笹鳴きの今ある心そのままに

笹鳴きの今ある覚悟そのままに

涙顔見上げるままに冬の月

修善寺に旅して

山あひの湯里の朝の静かなり

夕餉とる間《ま》に風止んで冬の月

K.

『修善寺物語』を思って

修善寺や五郎兵右衛に冬の月

令和元年四月　襲名披露巡業にて

春告鳥《うぐひす》や今の心をそのままに

春霧に霞む街の名根雨《ねう》と云ふ

根雨《ねう》と云ふ山あひの街春霞

我が心ねぎらふが如《ごと》き春の雪

山間に美術館あり春の旅

萩へ来て旅の芝居の楽近し

初代幸四郎の墓を詣でて

花冷えの香取に初代の墓所《はか》のあり

胸いっぱい叫ぶ我あり冬の闇

歯ぎしりをしたか夜寒のめざめかな

佳き日をば迎へし我に春の雪

我が跡をつづく者あり春日さす

エッセイ

帰りの切符

「人生は片道切符」という。

行きつ戻りつするのは心だけであって、自分を取り巻く時間と空間は間違いなく先に向かって進み、それに逆らうことはできない。

それが「帰りの切符」を意識した瞬間《とき》から、突っ走るばかりの人生を途中で立ち止まり、今までを振り返る余裕が生まれ、周囲の諸々にも目を注ぐことができ、少しだけ大人になったような気がする。

人間は、心が回帰すべき場所ができると、「旅」そのものの本当の意味がわかるのではないだろうか。「旅」の途中を感じた時から、いささか大袈裟ではあるが、人生における自分の立ち位置が見えてきたように思う。

「いま、自分は旅をしているんだ」と最初に実感したのは何時のことだったろうか。

子どもの頃から芝居の世界にいた僕は、子役で地方巡業に出たり、舞台出演のために修学旅行を早めに切り上げ「特急つばめ」でひとりだけ東京に戻ったり、ラジオのディスクジョッキーをやっていた高校時代は、南まわりのパン・アメリカン機に乗ってパリへ行き、それからは毎年のようにアンカレッジ経由のノースウエスト機でニューヨークへ飛び、ブロードウェイの芝居を観てまわっていた。

しかし、それらが「旅」だったという印象はまるでない。見るモノ聞くモノすべてが物珍しく、カルチャーショックの連続で、ワクワクするような感動や、好奇心を刺激する経験ではあっても、それらは自分にとって日常の延長であって、「旅」という非日常を意識することはなかった。

それが何時の頃からか、列車のシートに身体を埋め車窓の風景を眺めていると、不意に「僕は、今旅をしているんだ。旅の途中なんだ……」と感じるようになっていた。

自分で家庭を持ち、我が家という「ねぐら」ができた頃から、どうやら僕は「帰りの切符」を片手に握りしめていたような気がする。

帰る場所はあっても、けっして楽しいばかりの「旅」ではなかった。しかし、その時空に身を委ねる術を知ってしまうと、不思議にホッと癒されるようになっていた。帰る場所がある安堵感が、そうさせているのだろうか……。

「旅」に癒されるようになれば、人間も、そこそこ大人になったということなのかもしれない。

イギリスの俳優ローレンス・オリビエは、舞台の合間、たった一日の休日であっても、ロンドンのパディントン駅から列車に揺られて三時間余、別荘のあるバースへ向かったという。

食堂車の決まって同じシートに座り、顔なじみのボーイが注ぐいつものワインを味わい、季節だけが移り変わる窓越しの田園風景を眺め……この短い旅で、彼は身体も心も癒され、休暇を終えると再び舞台に立ったそうだ。

僕も列車が好きだ。「特急つばめ」の時代からは考えられないくらい速く京都や大阪に着いてしまうが、そんな束の間も、このかけがえのない今の自分の「旅」を楽しんでいる。

親父の大好きだった富士を眺め、白波の立つ太平洋を望み、雪の関ヶ原を走り抜け、来し方の記憶……鎌倉の海で遊んだ夏の日のことや、帰りの横須賀線で家族へのお土産に買ったシュウマイ三箱を全部食べてしまったことなど、ひとりで苦笑しながら振り返ったりしては心を和ませている。

それにしても、浮かんでくるのが昔の思い出ばかりとは……。自分の人生の「旅」も、ずいぶんと遠くへ来たものだとつくづく思う。

「旅」に癒されるようになってから、気がつくと旅先で句を詠んでいることがある。

ほとんど無趣味に近い僕だが、句を読んだり、気ままに絵や書をかいたりするのが好きで、妻によれば「そんな時が一番楽しそうに見える」という。
寒風に吹き清められた冬の空がどこまでも続き、凛とした空気の匂いが、固く閉ざされた窓ガラスを通しても感じられるような冬の日、「旅」の途中で、僕は新しい年を迎えた。

今年また神にまみえむ冬の旅

（月刊誌『ひととき』二〇一〇年一月号　ウェッジ）

今年こその『第九』

ＮＨＫ交響楽団とはご縁が深く、僕が主演したＮＨＫ大河ドラマ「黄金の日日」（一九七八年）と「山河燃ゆ」（一九八四年）のテーマ曲を演奏していただいています。「黄金の日日」は池辺晋一郎さん、「山河燃ゆ」は林光さんの作曲で、それぞれ尾高忠明さん、外山雄三さんが指揮をされました。

一年を通してひとつの役を演じ続けるという機会は、役者として実に希有で貴重な経験です。その一年、僕は大河ドラマだけに専念し、それぞれのテーマ曲と共に、役の呂宋《ルソン》助左衛門や天羽《あもう》賢治を生きました。

歌舞伎の世界で師走といえば、やはり「忠臣蔵」。その年の納めが『仮名手本忠臣蔵』の大星由良之助や『元禄忠臣蔵』の大石内蔵助のことは多く、楽屋で化粧《かお》をしながら「ああ、今年も終わるな……」と思ったりします。

クラシックの世界では、やはりベートーヴェンの『第九』ということになるのでしょう。NHK交響楽団は、前身の新交響楽団時代の一九二八年（昭和三）、プロオーケストラとして日本では初めて年末に『第九』を演奏されたとうかがっています。

この曲の第四楽章のクライマックス「歓喜の歌」の旋律は、希望に満ちたシラーの詞章と共に我々の心を大きく揺さぶり、穏やかで平和な気持ちを漲《みなぎ》らせてくれます。日本語訳が小学校の教科書に載るようになったのは何時の頃からかわかりませんが、誰もが知っているこの歌を口ずさむ時、僕には同じベートーヴェンの『交響曲第六番〈田園〉』の情景が浮かびます。晴れわった青い空に白い雲が浮かび、太陽の暖かい光が燦々《さんさん》と降り注ぐ穏やかな田園の光景。木々を渡る風、小鳥のさえずり、小川のせせらぎ……なんと豊かで喜びに充ちていることか。音を失ったベートーヴェンが求め続けた希望の景色が、そこにあるような気がしてなりません。

来るべき新年に期待を寄せ、哀しみや苦しみから解き放たれようとする人々の心に、癒しと励ましを与えてくれる年末の『第九』は、作曲者のベートーヴェンが何と言うかわかりませんが、いかにも年末に相応しいスケールの大きな交響曲だと思います。『第九』初演の時、すでに聴力を失っていたベートーヴェンは、拍手の音がまったく聞こえずに、傍らの人に促されてはじめて成功を知ったといいます。音に閉ざされた彼が命がけで紡ぎ出した音楽だからこそ、洋の東西を問わず、未だに多くの人の心を動かすのでしょう。

NHK交響楽団の『第九』が流れる今年の師走を、僕は「忠臣蔵」ではなく、ピーター・シェーファー作の戯曲『アマデウス』のアントニオ・サリエーリ役で迎えることになりました。

歌舞伎の世界では「役を演じる」のではなく、「役を勤める」といいます。これは、長年その役を演じ続けることによって、役と役者が一種不可分な深い関係になることを意味します。僕にとっては、『勧進帳』の弁慶や『仮名手本忠臣蔵』の大星由良之助をはじめとする数々の歌舞伎の役と同じく、四〇〇回演じた『アマデウス』のサリエーリ役と一一〇〇回演じた『ラ・マンチャの男』のドン・キホーテ役は、まさに「勤める」役となりました。

神を呪いながらも贖罪《しょくざい》の意識に悩むサリエーリの本質には、正直な弱さと人間的な善良さが潜んでいることに気付かされます。嫉妬と贖罪、その狭間で苦悩するサリエーリ。悪人にはなりきれないサリエーリの企みが、モーツァルトの美しい旋律によって、物語の哀しさをいっそう際立たせています。

ご存知のように、シューベルトやリストと同じく、ベートーヴェンもサリエーリの弟子の一人でした。サリエーリに師事していたウィーン時代、すでにベートーヴェンの難聴は酷くなっていたと思われ、台詞の中にも「あの耳の遠いベートーヴェン……」とあります。癇癪《かんしゃく》持ちで、最初の師であるハイドンとは喧嘩別れしたとも言われていますが、サリエーリとの師弟関係はそれほど悪くはなかったようで、モーツァルト毒殺説の噂を憂いていたとも伝わっています。また、サリエーリの門を叩く前にモーツァルトを訪ねたところ、弟子入りを拒まれたという説もあります。そう考えると、存外、サリエーリは好人物であったようにも思え、このエピソードに、少しだけベートーヴェンを身近に感じたりしています。

ある時、僕はコンサートホールの客席に身体を沈め、ステージから流れてくる交響曲に耳を傾けていました。それまで僕は、様々な楽器が奏でる音が幾重にも重なり、それらが絶妙に調和して素晴らしい音楽を創り出す——これがオーケストラだと思っていました。ところがその時は、寸分の隙もなく重なり合った厚みのある音が、あたかもひとつの大きな音の塊《かたまり》となり、それがうねりを成してステージから迫って来たのです。僕の耳と心は、その巨大な音の塊に圧倒され、僕自身という存在を完全に忘れてしまったかのようになり、僕の魂は人間の創り出した無重力の音の宇宙にしばし彷徨《さまよ》っていました。ただ耳に心地よく響く音楽ではなく、その音の厚みに魂が揺さぶられる、これこそがオーケストラの真の素晴らしさなのだと、その時改めてクラシック音楽の底力に打ちのめされました。

オーケストラと演劇では表現の方法こそ異なりますが、音楽の場合はスコアを、我々の演劇の場合は戯曲を理解し、ひとつの世界観を具現化することにおいては、とても似た芸術だと思います。音楽や演劇に人を感動させる力があるのは、そうして創り上げられた世界——神の力を借り、人間の手が紡ぎ出している芸術と僕は信じているのですが——に観客を誘い、私たちを煩わすすべての柵《しがらみ》から解き放って、その世界に漂うという至福を与えることができるからではないでしょうか。芸術に癒されるとは、きっと、そういうことだと思います。

三月一一日、日本は未曾有の災害に襲われました。被災された方々に心からお見舞いを申し上げると共に、今なお復旧に尽力されている方々に、限りない敬意と感謝を捧げます。

震災当日、僕は公演中の新橋演舞場の楽屋で揺れを感じました。舞台は急遽幕を下ろし、数日間の休演が決まりました。劇場の構造上、安全点検の必要があったのと、お客様の交通の便を考えてのことです。「このような時に」という意見もあります。しかし「このような時だからこそ」僕ら俳優は、俳優としての本分を全うするしかないと考えました。そして再び公演を続けることになり、いまだかつてないような空席の目立つ大劇場で、それまでと同じように舞台を勤めました。俳優の本分で、ひとりでも多くの方に癒しや感動を与えたい。そう念じながら……。

今年も、日本各地で『第九』が演奏され、合唱の力強い歌声が幾多の人々の心に届くことと思います。そして多くの方が、恒例のＮＨＫ交響楽団による『第九』を心待ちにしておられることと思います。それぞれの心には様々な思いがあるでしょうが、オーケストラの奏でる大きな音のうねりに身を委ね、深い感動を共に分かち合うことができると信じています。

またＮＨＫ交響楽団の皆様には、このような時だからこそ、その本分を全うし、乾《けん》坤一擲《こんいってき》の「今年こその『第九』」を観客の皆さんに届けていただきたい。そして、ひとりでも多くの方の心がＮＨＫ交響楽団の『第九』によって癒され救われますことを、また来年こそは、希望と優しさに満ちた実り多き年となりますよう祈ってやみません。

（『ＮＨＫ交響楽団・ベートーヴェン『第九』演奏会プログラム』）

「ホテル西洋」の思い出

僕が子どもだった頃、京橋にはまだ川が流れていて、その名の通りの橋が掛かり、銀座通りの柳がそよ風に枝を揺らしていました。道路には進駐軍用に英語の交通標識があったり、橋の上に露天の店が並び、川からはほのかに海風が香ってくる、そんな街でした。その光景が思い出せないほど、今の京橋は大きく姿を変えてしまいました。

ほどよい大きさの劇場とこぢんまりとした素敵なホテルが開業したのは、昭和が平成に代わる少し前のこと。

猿若勘三郎が猿若座を興した江戸歌舞伎発祥の地でありながら、長らく彼の地では芝居が忘れられていました。歌舞伎俳優の僕にとって縁浅からぬそんな京橋に、新しい劇場が開場したことで、ノスタルジーとともに昔の京橋を思い出し、懐かしく嬉しい思いでいっぱいでした。

僕はこの劇場で、ウィリアム・シェイクスピアの『リア王』『マクベス』、ピーター・シェイファーの『アマデウス』、そして僕自身がプロデュースするシアターⅨ（ナインス）の『ヴェリズモオペラをどうぞ』などを上演。どれも思い出深い舞台でした。

芝居の世界にいると、日々は劇場と住まいとの往復で終始し、外の空気に触れることがなくなってしまいます。そんな時、繊細な味わいの一皿に癒されることがあります。それがホテル西洋の料理の数々です。

家族とフレンチレストランの「レペトワ」で過ごす時間は、ともすれば、多忙にかまけて食事を楽しむことすら忘れてしまいそうになる僕を、まさに「口福」の時間へと誘ってくれました。

ヨーロッパのクラシックホテルのような雰囲気でいただく料理には、伝統的なフランス料理もあれば、新鮮な旬の食材が生かされたヌーベルキュイジーヌもあり、シェフのエスプリを感じるものばかりで、どれも奇をてらうことのない穏やかな美味しさで飽きることがありませんでした。

日本の四季が盛り込まれているような「吉兆」、築地の活気をそのまま食卓に届けたようなイタリアンの「アトーレ」と、どこもホッと息をつきたくなるような店で、少しの時間を過すだけなのに、心が癒されたのを思い出します。

「サロン・ラ・ロンド」で母の法事をさせていただいた時のことは忘れられません。

母お気に入りのモノクロのポートトレイトの前には、季節に相応しい薄紅色の蓮の花が古銅の水盤に活けられていました。ちょっと年代の遡ったアンティークの西洋家具に囲まれ、美味しいワインと共に、友人たちと楽しく、また懐かしく、「吉兆」の素晴らしいお料理をいただきながら母を偲びました。部屋の設えやスタッフの方の心遣い、テーブルごとに生けられている花の趣まで、どれもが心地よく、隅々まで行き届いた心遣いに「ホテル西洋」の最高のホスピタリティが感じられました。

千穐楽の幕が下り劇場を後にする頃には、夜も深け、京橋の街には灯りや人々の喧噪が溢《あふ》れていることに気付きます。ひと月近い芝居の生活から、日常に呼び戻される瞬間です。

でも、もうあの京橋の雑踏を感じながら家路につくことはできなくなってしまいました。

ただただ名残惜しく、淋しい気持ちでいっぱいです。
お別れに、娘のたか子が『ハムレット』のオフィーリアをル・テアトル銀座で演じていた時に詠んだ句をお贈りします。

打ち出して銀座は薫る月の道

（「ホテル西洋銀座」ウェブサイト　二〇一三年）

歌舞伎の紙

今春、ようやく新しい歌舞伎座が開場し、柿落《こけらお》とし公演のただ中である。四月の千穐楽には『勧進帳』弁慶一一〇〇回目の舞台を踏むことができ、祖父、父と伝えられたこの役を記念の公演で勤める幸いを心から感じている。

『勧進帳』は松羽目物《まつばめもの》で、能の鏡板に倣《なら》い、老松を描いた書割《かきわ》りの前で演じる。能舞台は常設であるため、老松が描かれた杉板が嵌《は》め込まれているが、歌舞伎の場合は演目によって舞台が変幻自在でなければならない。そこで工夫されたのが書割りである。

書割りは、場面転換の迅速化と演目の多様性に対応するために工夫され、木枠に紙を張り家並みや風景などを描いて背景とするもので、いくつかに割れるところからこの名がついている。御殿や商家の見世先《みせさき》、裏店《うらだな》、長屋の街並、茅葺《かやぶき》の家に、果ては富士を望む東海道の松並木までが、遠近法を巧みに使って描かれていて、大掛かりでありながら極めて軽量で扱いやすい。考えてみれば、大道具のほとんどが紙と木でできている。張りぼてという言葉が残っているように、昔の大道具は今ほど精巧ではなかったので、「道具方岩をちぎって鼻をかみ」などという川柳が残っているくらいである。

元来、日本の住まいは、土と木と紙で作られていた。漆喰《しっくい》の壁と木の柱や梁、唐紙と障子によって仕切られた空間は、日本の風土に適していたために、長い歴史の中で住まいのスタンダードで在り続けていた。これら可変的で身近な天然素材は、歌舞伎にとっても実に使い勝手が良かった。江戸期常設の大芝居であっても、現在のような堅牢な造りではなく、ほとんどが所詮芝居小屋。木と土壁と紙で作った掘立小屋に毛の生えたような粗末な小屋であったろうと思う。したがってそこに建て込む道具は、簡易でありながら想像力をかき立てる歌舞伎芝居の大道具でなければならなかったのだ。書割りは、創成期の歌舞伎が生み出した知恵なのである。

舞台一面に真っ白な雪布が敷かれ、空からは雪片がハラハラと舞う。『元禄忠臣蔵』「南部坂雪の別れ」は、討入り前夜師走十三日の凍てついた空気を漂わせる情景だ。この雪片、今でこそ正方形に切られているが、かつては三角だった。髷を結ぶ元結《もっとい》（これも紙縒《こより》）の切れ端を利用していたためである。天井の雪籠から降る雪は、お囃子の打つ太鼓の雪音と相俟《あいま》って実に美しい。実際、雪はそんな音では降りはしないのだが、太バチに湿った布を巻き付けて間遠《まど》うに打つ太鼓はしんしんと降り積もる雪となり、「ドドドドッ」と早間《はやま》に打つと、雪持ちの木々の枝から落ちる雪となる。実に本物以上に本物らしい歌舞伎の魔法である。しかも、その雪が紙縒の雪片とは、今風に言えばなんともエコなアイディアである。

子どもの頃から身近すぎて見過ごしてきたが、歌舞伎の世界は多くの場面で紙の恩恵に預かっていることに気付かされる。武士の懐に入っている懐紙、町人の財布の外側を半紙で包む紙入れなど、歌舞伎にとっても紙は欠くことのできない素材なのである。

四〇〇有余年を支えた先人の知恵と工夫に感服するとともに、紙は何物にも勝る日本の伝統と文化であると思っている。

（『週刊文春』二〇一三年八月一日号）

「忠臣蔵」と映像

舞台は一期一会だが、映像は永遠。瞬時に切り取られた画面には、その時の俳優が生きている。同時に、物語とは別のところで、彼らが生きた時代も確かに息づいていて、懐かしい……と感じるのは、その映像を観ていた時の自分を思い起こすからだ。

記憶に鮮明なのは、父白鸚が八代幸四郎時代に主演した三作品である。

最初は、昭和二九年公開の松竹作品『忠臣蔵（花の巻・雪の巻）』。日本は高度成長期前夜で、僕はまだ、詰襟に半ズボンの暁星の制服を着た小学生だった。日比谷辺りの映画館で観たのだと思うが、映像はモノクロながら、壮大なスケールと豪華キャストの超大作にわくわくしたのを思い出す。

これより三年後、昭和三十二年公開の『琴の爪』は、『元禄忠臣蔵』「大石最後の一日」の映像化で、父はここでも内蔵助を演じている。

父が歌舞伎でこの役を演じると、「内蔵助というのは、こういう人だったのかもしれないね」と、お客さまがおっしゃったという。歌舞伎俳優としての父と劇中の内蔵助が渾然一体となり、あたかも内蔵助本人のような存在感を醸《かも》していたということだ。父は、それほど内蔵助に似合っていた。

同じ年、僕は松竹の『大忠臣蔵』に矢頭右衛門七《やとうえもしち》として出演した。これが僕の映画「忠臣蔵」デビューである。

昭和三十六年に父と僕ら兄弟、高麗屋一門は東宝へ移籍した。その直後に作られ、翌年に公開されたのが『忠臣蔵（花の巻・雪の巻）』のリメイク版で、父の内蔵助、原節子さんのりく、三船敏郎さんの俵星玄蕃《たわらぼしげんば》といった、これ以上ない顔ぶれに加え、僕も矢頭右衛門七として出演した。歌舞伎の『仮名手本忠臣蔵』『元禄忠臣蔵』講談の銘々伝を再構成した「忠臣蔵」の決定版で、以後、時代劇「忠臣蔵」のプロトタイプとなった作品である。

当時は二年後に東京オリンピックの開催を控え、東京の至る所で建設工事が行なわれていた。畑が潰されて道路になり、赤坂の弁慶橋に忽然《こつぜん》と巨大なホテルが現われた。高速道路が上を走るからと日本橋が工事用の壁で覆われたのもこの頃である。日本全体が高度成長の真っただ中を疾走していた時代が、映像の向こう側に見えるような気がする。

敗戦から七〇年が経とうとしている。戦後の映像における「忠臣蔵」の軌跡を見ることは、その時々の世相そのものを追体験することには他ならない。奇しくも僕自身の来し方は、そのままこの映画史に重ねることができる。

人や景色が大きく変わっても、「忠臣蔵」の持つ潜在的な魅力は何一つとして変わらない。史実とそれから派生した幾多のドラマは、日本人の心を今なお虜《とりこ》にし続けている。これから生まれる作品も含め、映像は、この物語を愛する人々のために永遠の生命を保ち、これからも時代の鏡として在り続けることだろう。

（『戦後「忠臣蔵」映画の全貌』谷川建司　二〇一三年　集英社）

私にとっての演劇

歌舞伎役者の家に生まれた僕は、演劇の扉を自ら叩くこともなく、三歳で初舞台を踏み、レールに乗せられるようにしてこの世界で生きてきて、気付いたら七〇年の歳月が経っていた。七〇年前の白粉を塗られた三歳の幼顔は、ほとんど不満のかたまりのようなふくれっ面で、初舞台の外郎売りのセピア色のブロマイドが残っている。この子どもが演劇の魅力に気付くまでの歳月は、生半可《なまはんか》なものではなかった。

小学生の頃、芝居が大嫌いだった。というより、役者の子どもでいることが、何か間尺《ましゃく》に合わず、不本意な日々であった。耳の後ろに残った前夜の舞台の白粉を目敏《ざと》く見つけた級友にからかわれ、芸能人という特異な存在から抜け出したいと毎日思っていた。しかし、それを言う才覚も勇気もないまま、ある日のこと、不意に「毒食わば皿まで」のような心境になった。つまり、大嫌いな芝居に自分を突っ込んでみようと思ったのだ。開き直りというか自虐的というか、我ながら実にひねくれた決断であった。きっかけこそ、イジメに対する子どもらしい抵抗ではあったが、嫌いなことから抜け出るのに、もっと嫌いなものに自分を突っ込むという勝手な舵取りだったのだ。楽しいはずのないそんな毎日を送るうち、ぼんやりと「ああ、働くというのは、こういうことなのか」と思った。その時だったと思う。自分は役者として生きていくよりほかはないという、こだわりのようなものが芽生えたのは……。

それからは、人世の転機ともいうべき作品に節目、節目で出会い、好きとか嫌いとかを超えたところで、何とかしなければならない大仕事が次々と舞い込んできた。果敢《かかん》に挑む……というのとは少し違って、今思うと、これをやり遂げなければ自分ではないという、ギリギリのところで勝負してきたように思う。それが現在の役者幸四郎につながるように思えてならない。

そう言えば……、早稲田の入学試験当日、高麗屋一門の東宝移籍がスクープされたのも節目であった。試験場にマスコミが押し寄せフラッシュをたきはじめた。試験官に許しを乞い、外へ出て記者を説得し、一五、六分遅れて試験を受けた。

早稲田大学と同時に入社した東宝では、菊田一夫先生のプロデュースで数々の新しい演劇を体験した。最初のミュージカルは二二歳の時、宝塚のスター越路吹雪さんの相手役で『王様と私』のシャム王を演じた。『ラ・マンチャの男』ではブロードウェイへ行き、英語のセリフと格闘しながら夢中で舞台に立ち続けた。

早稲田小劇場を立ち上げた鈴木忠志さんとの出会いは、前名の染五郎としての最後のミュージカル『スウィニー・トッド』だった。鈴木さんが富山の利賀村に拠点を移して五年目のことである。残忍でシニカルな物語の興業は難題だったが、それを鈴木さんは、シュールな手法で心の奥底を刺激する大人の作品に仕立てた。

日本におけるミュージカルが、ただ美しいだけではなく、人の心に問いかける上質の演劇に育ったのには、それなりの道程があったのである。

歌舞伎役者がテレビや映画、現代劇に出ることは多い。しかし、そこで大切なのは、それぞれのジャンルをわきまえ、そのジャンルの役者として勤めることだ。歌舞伎役者が何でもやるのではなく、映画出演の時は映画俳優として、テレビドラマ、シェイクスピア、ミュージカルなら日本の現代劇の俳優として勤めなければならないと思う。役者は何でもやる必要はない。しかし、やれと言われればやって見せなくてはならない。僕はそう思っている。何でもやって、それがやれているのと、やれていないのとでは、天地ほど違う。

僕には三人の子どもがいる。長男の染五郎はともかく、二人の娘も同業者。期せずして、役者幸四郎の仕事を三人三様に受継いで演劇の世界で生きている。染五郎は、今月、父初代白鸚三十三回忌追善興行で、祖父、父、僕と受継いできた『勧進帳』弁慶を初役で演じている。長女の松本紀保は、小劇場の芝居をこつこつと続けて、この一一月に初めて芝居をプロデュースする。女優の傍ら僕の芝居の演出補として裏方の仕事をこなしてきたことが、いまようやく実を結びつつある。末娘の松たか子は、映画、テレビ、現代劇、歌手、そしてミュージカル女優の道を「ありのままに」の自分で歩み続けている。気が付けば僕は、いつの間にか三人の役者を育てていたことになる。しかし、この現象も「演劇」というジャンルだからこそ成し遂げられたのかもしれない。大嫌いだった「演劇」が、今、自分に夢や希望をもたらしてくれている。

役者幸四郎にとって「演劇」とは？　幼い頃から「演劇」とともに在り、演劇人として育てられてきた人生であったことだけは確かだ。それと同時に、人間として、父親として、それらすべてを学ぶ「場」であったようにも思う。言うなれば僕にとって「演劇」は、自分の人生の学校なのかもしれない。

早稲田の精神である「在野」の中に、人間の生き方を求め、何時《いつ》の時も自由に素朴に、日本人としての素晴らしさを追いかけて、「演劇」というキャンパスの中を遮二無二《しゃにむに》生きてきたように思う。この人生の学校には修了の卒業はない。あるのは、人生の終着のその日まで、学び、鍛え、楽しむ日々である。それが自分にとっての「演劇」のすべてだと思っている。

（『早稲田学報』二〇一四年一二月号　早稲田大学校友会）

助左の茶壺

美術館の硝子ケースに鎮座する素朴な造形の壺。あるものには金襴《きんらん》の口覆《くちおおい》がされ、あるものには利休の添え書きがあり、中には恭《うやうや》しく銘のついているものもある。十四世紀の中国南部で大量に焼かれた生活雑器が、千利休の提唱した侘《わ》び茶の流行と共に、茶道具の名物「呂宋《ルソン》壺」として生まれ変わり、現代に伝えられている。これは、助左と利休の手による「からくり」である。その「からくり」こそ、城山先生の創作意欲に火を点けたのではないかと、私はかねてより思っている。

「わらしべ長者」のような実在の納屋《なや》（呂宋）助左衛門は、生没年未詳で出自も諸説あり、至って謎の多い人物である。一介の商人でありながら、天下人秀吉に重用されたことによって一代で財を築くが、秀吉に寵愛された黒田如水や千利休の例に違わず、やがては嫉妬をかって疎んじられ、家財を売り払ってカンボジアに亡命、歴史の表舞台から消え去る。しかし、助左の場合、信仰のためにフィリピン（ルソン）のマニラへ逃れ、彼の地で生涯を終えた高山右近のような悲壮感はまったく感じられない。むしろその先の可能性を求めて、再び大海に漕ぎ出すというバイタリティに充ちた豪胆さをうかがわせる。

城山先生の小説に登場する主人公は、村上水軍の長《おさ》である『秀吉と武吉』の村上武吉や『雄気堂々』の渋沢栄一にように、機を見るに敏で洞察力に優れ、知略に長けた豪胆の英雄であったり、『落日燃ゆ』の広田弘毅のように、自己の信念のもと、アゲインストの状況にあっても揺るぎない潔さに貫かれた理知の人だったりする。いずれも凛としていて、男が憧れるような人物だ。助左は、これに加えて、当時の堺でボルテージを上げつつあった町衆のエネルギーを持ち、柔軟にして大らか、くったくのない明るさと物怖じしない行動力は、極めて彼を魅力的にしている。

応仁の乱で疲弊した京は、小競り合いを続ける武家を傍目《はため》に、経済力を背景に自治権を獲得した町衆によって復興しつつあった。特に堺では、海運業と倉庫業を営む納屋衆や会合衆《えごうしゅう》がリーダーとなり、町そのものが独立した小国のような存在であった。リーダーたちは、ただ富を求めるだけだはなく、一方で文化人としての教養を身につけることを怠らなかった。それには、納屋衆の筆頭に君臨していた今井宗久《そうきゅう》の存在が大きい。

宗久は武具商人として戦国大名と交わりを結ぶ一方、豪商で茶人の武野紹鴎《じょうおう》（後に義父）に手ほどきを受け、茶人として足利義昭や織田信長と親交を深めた。信長の茶の湯好きは、宗久によるところが大きいと言われている。

宗久と共に天下三宗匠に数えられる千利休、津田宗及《そうぎゅう》もまた出自は堺の豪商であることを考えれば、商売なくして富はなく、富なくして茶の文化はありえなかったということだ。大名たちの合戦をよそに、畳の上でもまた、茶人たちによる静かな陣取り合戦が行なわれていたことも、容易に想像できよう。

そのような混沌の中に、ルソン渡りの酒壺五〇個を「唐傘、蝋燭千挺《ちょう》、生麝香《いきじゃこう》二疋《ひき》」といった貴重な品々とともに携えて助左が現われたのだから、その衝撃は想像の域を超える。イチかバチかの大博打《ばくち》は、既存の概念を打ち壊すには充分過ぎた。そんなことをやってのける助左を、まだ若かった私は、楽しく演じていたことを思い出す。

NHK大河ドラマ「黄金の日日」（一九七八年放映）は、原作ありきではなかった。NHKのスタッフと城山先生、脚本家の市川森一さんがディスカッションしながら創りあげた作品で、小説『黄金の日日』初版が刊行されたのは、放送開始と同じ一月のことだった。

私は、主演が決まるとすぐに、撮影期間にあたる一年間すべての舞台を休むことを決めた。大河ドラマの主演は、それほどの重責であり、また重労働であることは容易に想像できたからだ。案の定、撮影は長引き、結局一年半を費やすことになった。

脚本が進むにつれ、たびたび市川さんの来訪を受け、深夜まで話しこんで構想を練り上げるようなこともあった。ルソン島に漂流した助左の衣裳には、母が持っていた古い更紗《さらさ》を使ったり、鬘《かつら》も地毛を残した半鬘にして、より自然に見えるように提案したりと、主演するだけではなく、ドラマ作りに参加しているという実感があった。

『赤穂浪士』『太閤記』に次いで高視聴率を記録した『黄金の日日』は、主人公が歴史に名を残す武士ではなく市井《しせい》の人物であることが、それまでの大河ドラマとは大きく異なった。これは、それまで中高年中心だった視聴者層を、一気に少年少女にまで広げるという効果をもたらした。唐十郎さん、李礼仙さん、根津甚八さんといった状況劇場のスター、脇役として人気上昇中の川谷拓三さん、美少女の夏目雅子さん、竹下景子さんといった意表をついたキャスティングも受けた。さらに、『太閤記』の緒形拳さん、高橋幸治さんが、それぞれ同じ秀吉、信長役で登場したことで、お茶の間の喝采を浴びた。

当時、小学生だった脚本家の三谷幸喜さんは、「助左とともに一年間生きました」と証言しているように、この作品には、現代を生きる人々と同じ目線で、次に何が起こるのかを見守る楽しみがあったのだと思う。かくいう主演の私も、毎回の脚本が待ち遠しかったひとりだった。

特筆すべきことはもう一つあった。それは、大河ドラマ初の海外ロケが敢行されたことだ。撮影はルソン島北部、サン・エステバンという海辺の村で行なわれた。裕福とはいえない村人たちの生活とは裏腹に、ブーゲンビリアが鮮やかな色で咲き乱れ、抜けるように青い海と空の色が哀しかったのを思い出す。日中の猛暑もまた例えようもなく過酷で、まさに「体力勝負の日日」であった。

このロケで、今もって忘れ得ぬ光景がある。

南の島に漂着した助左が、川谷拓三さん演じる瀕死の善住坊《ぜんじゅうぼう》のために薬草を手に入れようと、自分で削った竹槍を青空市場で物々交換しようとするシーン。物売りはディレクターの指導を受けた現地の素人の方だった。カメラがまわり、手に竹槍を持った助左が食べ物を売る老女の前に立って「これと換えてくれ」と言うのだが、見上げた彼女の目に、私は思わずたじろいでしまった。それは、恐怖と嫌悪と怒りと、そんなものが一緒になった、何とも言えない実に恐ろしい目だったのだ。

「この人はきっと、僕の中に日本兵を見ているに違いない」。私は、咄嗟《とっさ》にそう思った。悲惨な戦争体験が、一瞬のうちに彼女の心に甦ったのだろう。戦争の傷跡が鮮明に残っていることを思い知らされた出来事だった。

城山先生はエッセイで、「海は平らで巨大な発光体になって、横滑りしていく。黄金にまぶされて海が動いていく」（『黄金の海』）と書かれている。大好きな茅ヶ崎の海を眺めながら、書斎でひとり筆を走らせる姿が思い浮かぶ。

先生が愛した海、その海の彼方に漕ぎ出した助左の人生を辿《たど》ることで、読者は、大いなる冒険のダイナミズムと、志をもって毅然として生きる揺るぎない勇気に憧れる。その一方で、真の価値とは何なのかを、常に問い続けなくてはならないことを知る。

権力にとって、自由で伸びやかであることは脅威に他ならない。だからこそ、これを力ずくで押さえ込もうとする。そして、その存在さえも否定する。これに抗《あらが》うことは容易ではない。しかし、権威に守られて生きることにどれほどの価値があると言うのだろう。これこそ「呂宋壺」のからくりなのだ。物の価値とは、限りなく空虚なことに気づかされる。

フランス人経済学者トマ・ピケティ氏の経済書が空前のベストセラーになっている昨今、経済関連の書籍に人気があるようだ。その影響もあってか、城山先生が書かれた数多くの経済小説が、今再び多くの人に読まれているという。時代こそ変われ、企業の在り方、人間の在り方には何ら変わるところはない。読者は、小説の世界を俯瞰することで、座標軸に置かれた我が身を見極めるのかもしれない。

（『黄金の日日』城山三郎　二〇一五年　新潮文庫）

ドン・キホーテの日々　大人のお伽噺を生きて

ミュージカル『ラ・マンチャの男』に出会うまで、私はドン・キホーテのことをよく知らなかった。中世の騎士に憧れる男の物語で、聖書に次いで多くの言語で翻訳されているという程度の知識しかなく、世界的なベストセラーと聞いても、その魅力を理解するには至っていなかった。もっとも中学生の頃、岩波文庫版の『ドン・キホーテ』を通学の行き帰りに読んでいたが、その内容は皆目《かいもく》わからずじまいであった。

二七歳で『ラ・マンチャの男』の初演の舞台に立っていても、私の興味はブロードウェイミュージカルの日本初演にフォーカスしていたし、難解な構造の芝居をどう演じるかに集中していた。

当時のミュージカルはどれも華やかなショー仕立てで、ふわふわとした綿菓子のように、その舞台に観客がうっとりするのが定番だったために、薄暗い牢獄から始まる重苦しい演出が、果たしてどのような印象をあたえるのかも不安だった。初演の劇評は悪くはなかったが、大成功とは言い難い状況で、当時を知る誰もが、一二〇〇回以上もの上演記録を作ることになるとは想像もしなかった。

私自身、半生を超えて歳月を費やした作品を改めて振り返ると、折節に感じることが、齢七〇を超えて少しずつ変わっていることに気付く。俳優として、男として、歳を重ねたからなのかもしれない。

ひとりの俳優として作品と向き合い、作者ミゲール・デ・セルバンテスと、彼の想像したドン・キホーテ、アロンソ・キハーナの三人と共に生き、格闘し、感じたことを、思いつくままに綴ろうと思う。これは、ドン・キホーテに出会ったひとりの俳優の独白である。

父を魅了した物語

私が舞台で共に生きた三人について述べる前に、父（松本白鸚）と作品との出会いについて書いておきたい。何故なら父がオフブロードウェイでこの作品を見なかったら、私はこの作品に会うこともなかったからだ。

一九六七年、歌舞伎指導のために渡米した父白鸚（当時は八代目幸四郎）は、アンタワシントン・スクエア・シアターで『ラ・マンチャの男』を見た。どういう経緯でこの舞台を選んだのかはわからないが、その日のうちに東宝のプロデューサーに国際電話をかけ、「是非、染五郎（当時の私）に演《や》らせたい」と言ったそうだ。

それほどまでに父を魅了した理由は何だったのか、あえてそれを聞くことはなかったが、本当は、父自身が演じたかったのではなかったかと、今、ふり返ってそう思う。

当時は素直に「僕のために」と理解していたが、ミュージカルであることを除けば、むしろ父に相応しい役である。その証拠にブロードウエイでは一九〇〇年にあの名優ホセ・ファーラーも演じている。しかし歌とダンスは如何《いかん》とも難いので、すでに東宝でミュージカルを経験している「僕のために」と考えたのではないだろうか。

また、ちょうどその頃、私は『スカーレット』というミュージカルのオーディションを受け不合格となり、落ち込んでいた。おそらくそんな私の心情を慮って、父は父なりに、励ましの気持ちもあって、台詞劇に近いこの深淵な作品を選びチャンスを与えようとしたのかもしれない。

新しい歌舞伎、新しい演劇をめざして松竹から東宝へ移籍した父は、おそらく劇中のキホーテに自分を重ねていたのだろう。キホーテの生き様が父の琴線に触れたことだけは間違いないと思う。

父という人は、既存の枠に収まりきれないオーラと演技力と見識を備えた歌舞伎役者であった。常に思索していて、感覚的に……というのではなく、理詰めで芝居を作る知性を持っていた。そんな父が、理想の演劇と旧態然とした演劇界の常識の狭間にあって、深く苦悩していたことは容易に想像できる。

しかし、そんなことも、七〇歳を過ぎた今になってようやく思い至るわけで、若かった当時の私には想像もつかなかった。

セルバンテスの痛み

日本初演から一年も経たずに、私はニューヨークのブロードウェイにいた。膨大な英語の台詞、歌、それにダンス……の日々に精も根も尽き果て、前夜ベッドに潜り込むと、翌日の夕方の劇場入りする少し前まで、一度も目を醒すことができず、ただ眠り続ける日々が二ヶ月半千穐楽まで続いた。ついに風邪をひき高熱を出したが、休むことなど考えられない。何しろ私の後ろにはアンダースタディが二〇人も控えていて、自分が休めばそれは即ち「お払い箱」を意味していたからだ。

熱で火照った顔にドーランを塗り、目だけが妙にギラギラした我ながらひどいセルバンテスの顔を鏡に映しながら、私は自分に暗示をかけた。「この体の痛みや苦しみは、かつてスペインの戦争で彼が受けた鉄砲傷が疼《うず》くのだ。ズキズキする頭痛は、牢へ放り込まれる前、尋問の前に出された安葡萄酒に悪酔いしたせいだ」と、言わば自己暗示をかけたのである。

何とか終幕まで演じ終え、倒れ込むように楽屋に戻り、「今日は最低のできだった、コンディションが最悪で舞台で倒れるかと思ったよ」と、化粧を落としながら付き人をしていた妻に言うと、「最高だったわ。いままでのなかで一番感動的だった」と、意外な答えが返ってきた。

セルバンテスはレパントの海戦で銃弾を受け、左手は不自由で、終生、その古傷の痛みに苦しめられていたという。海賊に襲われて捕虜になったり、食糧調達係をしていて獄に繋がれたり、ようやく得た徴税吏の仕事でも不祥事に巻き込まれて投獄されている。たび重なる獄中生活で『ドン・キホーテ』を構想したと告白していることから、決して快適ではない環境が、作家の創作意欲に影響を与えたことは確かだと思う。

今思うとそれまでの私は、間違いなく気負っていた。少しでも上手く英語の台詞を喋り、少しでも上手く歌ってやろうと。しかし、セルバンテスの思いは、それでは伝わらなかった。セルバンテスの痛みを我が身の痛みと感じたことで、ようやく私はこの役に近づくことができたのだ。虚実皮膜《きょじつひにく》の間に生きる役者が、皮肉なことに己の苦痛という実体験で虚の世界を凝視することができたのである。台詞を上手く喋ることより、上手く歌って踊ることより、もっと深淵な魂の部分でセルバンテスに触れることが必要だったのだ。この作品に出会って一年。ニューヨークのブロードウエイで初めて、それを感じることができた。

セルバンテスの声

おそらく、いや間違いなく、私は作家セルバンテスの深層にはたどり着けないだろう。余りにも壮絶な捕虜と脱獄と投獄のくり返しの中で、いかにしてセルバンテスが、滑稽なまでに騎士を気取った下級貴族の物語に着想したのかは疑問のままだ。

しかし作家の「心意気」は理解しているつもりだ。それは、目に映るものや聞こえる声に惑わされることなく、「信念をもって誠を貫く曇りのない心」「あるがままの自分に折り合いをつけるのではなく、あるべき姿のために闘う」という、キホーテの台詞が示している。

理不尽な罪で薄暗く汚い牢獄に繋がれ、饐《す》えたような悪臭のなかでうごめく囚人たちと寝起きを共にし、死さえ覚悟する日々にあって、彼に残された自由は空想だった。空想は希望であり、悲惨な自分を解き放つ唯一の手段であったはずだ。わずかばかりのパンと水と、そして「お伽噺」を創ることで、彼は命を繋いでいたに違いない。

ドン・キホーテの勇気ある狂気

キホーテは狂気を演じていたのではないか？　という説がある。あえて私はそれをもう少し自分の領域に引き入れて、彼は「役者」ではなかったのかと考えた。

彼の狂気は、歌舞伎の『一條大蔵卿《いちじょうおおくらきょう》』の「つくり阿呆《あほう》」や、若き日の織田信長の「うつけ」のように、なんらかの考えがあって狂人を装っていたわけではなく、言ってみれば現実逃避の末、自分自身がキホーテになってしまったように思えてならない。つまり、キホーテの場合、世阿弥的に言えば「離見《りけん》の見《けん》」。狂人に見せることで我が身を守っているように思えるのだ。

そう考えると、狂気は甲冑《かっちゅう》の役目を果たしていることに気づく。『勧進帳』の山伏装束《やまぶししょうぞく》「兜巾篠懸《ときんすずかけ》は武士の甲冑にひとしく」ではないが、狂気は、キホーテの心をガードする「お約束」の手段であって、彼が既存の概念から自由になるための、最もフレキシブルで頑強な甲冑の役目を果たしていることがわかる。

場末の安宿を城だと思い込んで投宿し、ドルシネア姫への古めかしい恋文をサンチョに託し、床屋の洗面器をマンブリーノの兜として恭《うやうや》しくいただき、風車を巨人だと思って闘いを挑み……その狂気じみた何もかもは、キホーテが中世の騎士として在るためのキーワード。つまり、「お約束」の狂気に思えてならないのだ。

嘲笑されてもなお、敢然とアウェイの風に立ち向かうキホーテは、情実の中に生きる我々の目に滑稽ではあっても、自分にできないことを成し遂げる人間に対する屈折した憧れとして、まことに勇ましく映ったのではないだろうか。キホーテの掲げる「崇高なる馬鹿馬鹿しさ」すなわち、彼流の強く逞《たくま》しい信念こそが、この物語を大人のお伽噺にしている由縁なのだと思う。

このお伽噺の狂気は、とりわけ男性にとって極めて魅力的だ。世俗の声に惑わされ、たちどころに雲散霧消してしまう儚いものを必死で追い求めるキホーテを、古今東西の男たちが愛し続ける理由はまさに此処なのではなかろうか。まったくもって彼のその厚かましさに敬意を表したい。

舞台上で私は、獄中のセルバンテスからキホーテに変身する。髭を付け髪の毛を逆立てるそのわずかな仕草の中で、たちどころに私は狂気をはらんだ男になって馬にまたがり「遍歴の騎士」となる。不思議なことなのだが、その瞬間から、私は作家セルバンテスから完全に解き放たれる。そう、私もまた、その瞬間からロシナンテに股がり、従僕サンチョを引き連れ、狂気のただ中に入っていくのだ。

役者は常に「憑依《ひょうい》」し「憑依」されるものなのである。キホーテを役者と見なしたのは、私が「憑依」という現象をキホーテのキャラクターメイキングで思ったからかもしれない。

アロンソ・キハーナのペーソス

小説の原作にほとんど登場しない男アロンソ・キハーナは、キホーテに憧れる作家の分身であると私は思っている。原作のキホーテと比べ、ミュージカル『ラ・マンチャの男』のキハーナには得も言われぬ哀愁がある。滑稽だけではない哀しさとでも言うべき情感が彼の存在ににじみ出ているように思う。三人の人物を一人で演じるこの三重構造こそが、ミュージカル『ラ・マンチャの男』の持つ現代性ということになるのではなかろうか。

言い換えればキハーナは、昔々の物語を現代の私たちにわかりやすく伝えるアダプターの役目を果たしている、だからこそ観客は彼に寄り添うことができ、この名もなき郷士キハーナに我が身を投影して心を動かされるのだと思う。この荒唐無稽ともいえる古典的作品が現代の我々の心を捉《とら》える理由のひとつに、キハーナの存在があることを決して見逃してはならないと思う。そしてこれは言うまでもなく、脚本家デール・ワッサーマン氏の見事なアルチザンとしての作劇術の成果でもあるのだ。

ワッサーマン氏といえば、私の古稀のステージで、彼の未亡人からトニー賞のトロフィーを贈呈された。ワッサーマン氏の「このトロフィーはラ・マンチャの男に最も相応しい幸四郎に渡して欲しい」との遺言で、一九六六年年に受賞した作品賞のトロフィーを手渡されたのだ。脚本家が創りだした人物を、ただひたすら四〇年演じ続けた日々への褒美、まるで自分がマンブリーノのゴールデンヘルメットを戴冠したキホーテのように思われ、求めても決して得られない何かが、不意に天から授けられた瞬間だった。

言ってみればキハーナは、私自身かも知れない。七〇過ぎの老役者が己を映す鏡として年老いたキハーナの存在を感じてきたからこそ、お伽噺の世界は限りなく現実に近づき、私というひとりの役者の体をフィルターとして、「多くの人の悲しみを悲しみのままに終わらせず、悲しみを勇気に、苦しみを希望に変える力」を、この作品は届け続けて来たのだ。喜劇に内在する悲劇性は、現代社会の我々を映し出す鏡に他ならない。

キホーテのような子ども

私は歌舞伎の家に生まれ、三歳から歌舞伎の世界で育てられた。同年の友達もなく、大人の、それも歌舞伎役者が行き来する楽屋でひとり遊びをするようなひねくれた子どもだった。初舞台では大泣きをして母の着物を台なしにし、どう考えても役者向きではなかった私も、歌舞伎の家の子がそうするように、学校を早退し稽古に通い、子役として舞台に立った。学校ではいじめられ、からかわれ「憂い顔の騎士」ならぬ「憂い顔の子ども」になってしまった。

そんなあるとき不意に、「毒食らわば皿まで」的な気持ちになり、いじめよりもっとひどい大嫌いな芝居と稽古と勉学に自分を放り込んでみようと思った。

このアンチテーゼ的な決断によって、前よりももっと笑顔のない子どもになり、毎日はより悲惨なことになった。そんな日々の中にふと「ああ人が働くというのはこういうことか、仕事をするというのはこういうことなのだ」と子ども心にぼんやりと悟ったことを覚えている。

これが私にとっての最初の「覚悟」だったと思う。

それからの私は仕事から逃げることなく、どんな状況であっても、いつもその敵に真っ向から向き合った。好きとか嫌いとかを超えたところで、「やってやる」と思ったのだ。「役者はなんでもやる必要はないが、なんでもできなければならない」という気持ちになったのも、確かその頃だったように思う。

そんな私は、当然ちょっと変った子どもで、間違いなくいつもひとりぼっちだった。しかし、向かってくる敵からは絶対に逃げなかった。槍を携え自分の信じる道を突き進むだけ。傍から見れば、まるで狂気の役者キホーテだったかもしれない。

ブロードウェイ招聘《しょうへい》の報せが届いた時も、「もし正式に招聘されたら受けますか？」と聞かれ、咄嗟《とっさ》に受話器片手に「はい。受けます」と返事をしていた自分を思うと、とても正気の沙汰ではなかった。

自分の進むべき道があったら、その道をただ真摯に歩むことしか考えない。そんな子どもに育てたのは、まぎれもなく私の両親である。今にして思うと「役者の芸のために不必要なことは一切させない」。そんな教育だったように思う。笑い話のようだが、キホーテの両親はこんな親ではなかったかと思えるほどである。

赤い大地への回帰

一〇〇〇回公演を果たした年、スペインのラ・マンチャ州から栄誉賞をいただき、私は重い腰を上げてスペインへと旅立った。正直に言うと、スペインの地を踏んでしまったら作品と私との間に「一区切り」がついてしまって、二七歳の時から積み上げて来た何もかもが、すべて過去になってしまうような気がしていた。実はこの作品とこの役について、私は心からの永遠を望んでいたからだ。

怖れていたマドリッドの一日目。妻と長女の紀保（父がキホーテに因んで紀保子と名付けた）と三人でスペイン広場へ向かった。

階段を一段一段踏みしめながら上ると、馬上のキホーテが高く掲げた右手の指先が目に入った。やがてキホーテとサンチョの像が現われ、その遥か上に座るセルバンテスに気付く……とその時、一陣の爽やかな風が吹いて「オーラ（よく来た）」とセルバンテスの声が聞こえた。「四〇年一〇〇〇回もよくキホーテを演じてくれた。グラシアス（ありがとう）」と、その声を聞いた時、私の目から涙が溢れ大理石のセルバンテスとブロンズのキホーテ、サンチョの像はその涙でにじんだ。

「来てよかったわね……」妻の声が耳に届いた。

　危惧していたことは杞憂《きゆう》だった。もっともらしい感慨さえも、微塵も感じることはなかった。


　赤い大地がどこまでも続くラ・マンチャのカンポ・デ・クリプターナ。焼け付くような真夏の太陽を満身に浴びながら緩やかに続く丘を登っていくと、急に視界が開け、眼下には夥《おびただ》しい数の風車がゆっくりと回っていた。

「マタゴーヘル（巨人）だ……」

　私は呟いていた。風車はまさしく巨人に見えた。

　そして、区切りでもなく、年月の感慨でもないスペイン旅行を逡巡《しゅんじゅん》して、自分の口をついて出たのは「今まで見ていた夢は、夢のための夢だ。男六〇過ぎて、これから見る夢こそ、ほんとうの夢だ」という言葉だった。

陽炎《かげろう》の彼方、風車の影からロシナンテとロバのルシオの轡《くつわ》をとったサンチョが「旦那様！冒険の旅立ちでがんすよ、サア参りましょう」と迎えに来てくれるような気がした。

この作品にめぐり会えた自分の人生をつくづく不思議だと思う。それはまさに、四〇〇年の時空を超えて日本の歌舞伎役者が『ドン・キホーテ』に出会ったという奇跡のような事実であった。

私は今までも、そしてこれからもずっと思い続けることだろう。ワッサーマンの『ラ・マンチャの男』の序文にある哲学者ミゲル・デ・ウナムノの「不合理なことを試みようとする人間のみが不可能なことを成し遂げ得る」という言葉と共に、「果てしないことが定説のお伽噺は、人間にとって何時の時代も常にその答えがないのだ」と。

（『ドン・キホーテの世界　ルネサンスから現代まで』二〇一五年　論創社）

楽屋の「にほひ」

私が三歳で初舞台を踏んだのは、敗戦翌年の一九四六年五月のこと。白粉を塗られた顔で泣き喚き、抱いていた母の着物を台なしにするほど手のかかる子どもだった。それから五年、東京大空襲で被災した歌舞伎座が復興する頃になると、そんな人騒がせな自分のことなどケロリと忘れ、すっかり好奇心旺盛な小学生に成長した私は、おもしろいものがいっぱい詰まった「おもちゃ箱」のような歌舞伎座の楽屋を遊び場にして走りまわっていた。播磨屋（初代吉右衛門）の祖父の芝居では、『寺子屋』の菅秀才や『極付幡随長兵衛《きわのつきばんずいちょうべい》』の長松をやり、ほとんど一日を祖父の楽屋で過すことが多かった。

当時の楽屋には女性の付き人はおらず、身の回りの世話をするのはすべて男衆《おとこし》さんと呼ばれる男性で、播磨屋の祖父には四郎さんや万さん、高麗屋（七代幸四郎）の祖父には柴田の爺《じい》や村上さんがいて、衣裳を付けたり、白粉を練ったり、風呂で背中を流したりと、祖父たちの身の回りの世話いっさいを手際良くこなしていた。

そんな様子を楽屋の隅っこで眺めながら、私はひたすら、鮨屋の久さんや、千葉から来る背負子《しょいこ》のお君さんを待っていた。祖母が「おやつ」に君さんから「おはぎ」を買ってくれるからだ。まだ食糧事情も良くはなく、毎日のおかずはカボチャやサツマイモ、それに鯖の味噌煮ばかりだったので、育ち盛りの子どもには、楽屋での「おやつ」が何よりの楽しみだった。

二段重ねの飯台に握り鮨をきれいに並べて現れるのは鮨屋の久さん。ハリウッドスターのタイロン・パワーに似たいい男で、子ども心にカッコいいなぁ……と思ったものだ。絆のモンペで大きな荷物を背負って来るのはお君さん。すこぶるつきの愛想良しで、お弟子さんだろうが番頭さんだろうが誰彼かまわず「先生！」と声をかけ、背負って来た「おはぎ」や大福、稲荷ずしを、あっと言う間にさばいていた。

それから……今も忘れられないのは、足袋屋の緑蔵《ろくぞう》さんのこと。

緑蔵さんは、役者の楽屋をまわっては、舞台で使う足袋や手拭の注文をとっていた人で、衣裳屋が用意しない小裂《こぎれ》といわれる小物一切を調達するのが仕事だった。

この緑蔵さん、普段はごく普通の楽屋出入りの足袋屋さんなのだが、なぜか二月の初午になると大変身するのである。

当時の楽屋には、写真屋さんがマグネシュームをたいてブロマイドを撮影する部屋があり、緑蔵さんはその部屋で、直垂《ひたたれ》を着て翁《おきな》の面《おもて》を付け、「とうとうたらりたらりたらりろう」と低い声で謡い「翁」を舞うのだ。それがとってもサマになっていて、子ども心に「不思議だなぁ……」と思って眺めていたものだ。何で足袋屋の緑蔵さんが舞うのか、何で「翁」なのか、何でサマになっているのか、何もかもが謎めいていて未だにわからない。

後で聞いた話によると、緑蔵さんは昔、役者だったらしいのだが、誰もその舞台を見たことがないとか。平成になった今、彼の存在を知る人も、もう、ほとんど居なくなってしまった。

初午《はつうま》は、その年最初のお稲荷さんのお祭。今でも楽屋の廊下には、手描きの掛け行灯が灯される。ぼんやりとした薄橙色の灯りを見ていると、あの緑蔵さんの「翁」の舞と共に、その頃の楽屋に溢れていた「にほひ」が甦《よみがえ》ってくる。

復興の勢いとか、歌舞伎ができる喜びとか、そして何よりも平和とか。役者も裏方も、そんな思いを体中から発散していたように思える。そんなただ中で、私はそろそろ、少年らしい思春期を迎えようとしていた。

（シリーズ「少年だったころ」『詩とファンタジー』冬実号　二〇一五年　かまくら春秋社）

戦国時代最強の武将は誰だ

「越後の虎」上杉謙信の潔《いさぎよ》い生き様が、武将としても男としても私は好きだ。ブレのない毅然とした姿勢は生涯を通じて変わらない。

武勇に秀で毘沙門天《びしゃもんてん》の化身と譬《たと》えられるが、何と言っても「敵に塩を送った」人物である。出兵はいずれも「義」を重んじるがゆえ。助けを求められれば秩序を守るために闘い、領土を広げるための戦はしていない。

権謀術数に長けた武将が多い中で、愚直なまでに信念を貫き通した異色の存在とも言える。

家臣同士の争いに嫌気がさして高野山へ引きこもるという事件を起こすが、これはストイックな精神を象徴するエピソードのひとつ。見方を変えれば、メランコリックな一面をもうかがわせる。このようなナイーブさも、また魅力的だ。

しかし、あまりにも世俗から乖離《かいり》していたためか女性説もある。類い希な凛々《りり》しさが生み出した、異聞譚《いぶんたん》のように思う。

（『文藝春秋SPECIAL 大戦国史』二〇一六年春号）

憧れのバレエ『ドン・キホーテ』

ミゲル・デ・セルバンテスの長編小説『ドン・キホーテ』は、聖書に次いで多くの言語に翻訳されている世界的ベストセラーですが、ヨーロッパの歴史とキリスト教を背景としているために、私たち日本人には、かなり難解で深く理解することは容易ではありません。日本でドン・キホーテといえば、まずキトリとバジルの華麗なグラン・パ・ド・ドゥで知られるレオン・ミンクスのバレエ『ドン・キホーテ』だと思います。とりわけバジルのソロは、ローザンヌ国際バレエコンクールで踊られる機会も多く、若手ダンサーの美しい姿と高い跳躍が魅力です。

バレエ『ドン・キホーテ』は、ヨーロッパのベストセラーを背景として、若い恋人の恋愛模様を描いています。舞台が異国情緒を漂わせるスペインであることが、小説からバレエが生まれた要因のように思えてなりません。このバレエが生まれた当時のフランスや、その後にバレエの中心となったロシアにとって、明るく暖かい南国のスペインの風俗は憧れだったはずで、随所に取り入れられている闘牛士やジプシーが踊るスペイン風の振付を見てもそれがよくわかります。

原作との最大に違いは、主人公が恋人たちであり、ドン・キホーテとサンチョ・パンサは物語の進行役、つまり脇役の狂言まわしを勤めているところです。それを知らずに小説のイメージでバレエを見ると、戸惑うことがあるかもしれません。ニューヨークで最初にこのバレエを見た時の私も、その例外ではありませんでした。

そしてもう一つの日本のドン・キホーテは、私が一九六九年に帝劇で初演したブロードウェイミュージカル『ラ・マンチャの男』だと思います。これは作者のセルバンテスが主人公で、キホーテとサンチョの旅が劇中劇で演じられ、セルバンテスとキホーテ、そして妄想の主であるアロンソ・キハーナの三人をセルバンテスが演じるという三重構造になっています。「人としていかに生きるべきか」という人間の根源的なテーマのもと、原作と正面から向き合い、さらに作家の心理にまで踏み込み、それを創造した作者ミゲル・デ・

セルバンテスの不撓不屈の精神を謳ったミュージカルに仕立て上げられています。

この作品を帝劇で初演したのは一九六九年四月。私は二六歳でした。その翌年、ブロードウェイのマーチンベック劇場で、日本人として初めて主演を勤めることになり、英語の台詞と格闘しながら孤軍奮闘の私の姿は、そのまま風車に突撃するキホーテそのものでした。

さて、話をバレエ『ドン・キホーテ』に戻しましょう。この作品の最大の魅力は、何と言っても舞台が明るく楽しいことです。

作曲家レオン・ミンクスは、ミュージカル『エリザベート』の時代、オーストリア＝ハンガリー二重帝国に生まれた人物で、『ドン・キホーテ』の他にも、インドの舞姫を主人公にした『ラ・バヤデール』や、ジプシー娘とフランス人将校の恋物語『パキータ』といった、現代も根強い人気を誇るバレエ音楽を手がけています。作曲家が夏の短い北ヨーロッパの出身であったことも、エキゾチックな南国への限りない憧れと無縁ではないでしょう。

また、ミンクスの曲が人気のバレエ作品になったのは、音楽の特性を存分に生かし、南国スペインの街角へと観客を誘った、振付師マリウス・プティパの素晴らしい仕事があったからだと思います。

バレエがダンサーたちの優美な踊りで観衆を魅了するように、ミュージカルは唄や台詞で観衆を惹き付けなければなりません。バレエも演劇も、その踊り、その台詞で、観客の目や耳を惹き付ける点では共通しています。

最高の踊りとは？　最高の台詞とは？　と、考えてしまいます。私は常に最高の踊りとは、ただ綺麗なだけの踊りでなく、ただテクニックに走る踊りでもなく、観客が思わず踊り出したくなるような踊り……。唄にしても、ただ美声の唄でなく、ただ上手いだけの唄でなく、聴衆が思わず口ずさみたくなるような唄だと思っています。

バレエとミュージカルの『ドン・キホーテ』、描かれ方こそ違いますが、原作は歴史的な名著。故に、才能あふれる作家、作曲家にインスピレーションを与え、世界中の人々の心を虜にする作品を世に送り出す結果になったことは間違いありません。
どこまでも抜けるようなスパニッシュブルーの空、照りつける灼熱の太陽、果てしない赤い台地を想像しながら、バレエ『ドン・キホーテ』の世界を楽しんでいただきたいと思います。

（新国立劇場「ドン・キホーテ」プログラム　二〇一六年）

歌舞伎の椅子、楽屋の椅子

「あいびき」というと、なんとも艶《なまめ》かしい響きだが、歌舞伎の椅子を「あいびき」といい「合引」と書く。

黒衣《くろご》が背の高い黒塗りの椅子を持ってきて、後ろから役者の腰の下に差し入れるのを見たことがあるだろう。『仮名手本忠臣蔵』「四段目」で判官切腹の上意を申し渡す二人の使者、石堂右馬之丞、薬師寺次郎左衛門が座るのがこの「合引」で、背が高いことから特に「高《たか》合引」といい、芝居では立っている姿勢を表している。

最も出番が多いのは箱形の「箱合引」で、一般に「合引」というと、この黒塗りの箱をさす。こちらは座っている姿勢を立派に見せる場合に使うもので、それより少し高い「中《ちゅう》合引」というものもあって、『石切梶原』の物語の時などに使われる。

上部に小さな座布団が付いていて、その上にチョコンと腰をのせる感じだ。黒衣と同様、歌舞伎の舞台では、黒は見えないというお約束。「合引」は役者を立派に見せる伝統的な小道具のひとつである。

楽屋でも「高合引」を使う。衣裳を着付けて鬘をのせ、支度が整うと、「高合引」に座って出を待つ。

この古くからある歌舞伎の小道具は実に便利で、素材が軽く、弟子の持ち運びにちょうどよく、歌舞伎以外の芝居、例えば『ラ・マンチャの男』や現代劇でも、舞台稽古の舞台上の待ち時間に、ちょっと腰を掛ける。立役は上に黒の座ぶとん、女形は赤い座ぶとんが付け紐で結んであり、「高合引」や「中合引」の内部は朱刷りで「高麗屋」と屋号が書いてある。

私の楽屋には、もうひとつ大切な椅子がある。鏡の前で顔をする（化粧をすること）時はもちろん座ぶとんに座るのだが、昨今は低い椅子を使っている。合間の時間に本を読んだり、食事をしたりする時も、この椅子は実に座りやすい。これは、建築家の長大作さんがデザインした低座椅子で、今や楽屋ばかりでなく私の生活に欠かせない逸品となった。

母方の祖母は、祖父（初代吉右衛門）が亡くなってから我が家で一緒に暮らしていた。その祖母の「和室でテレビを見るときに座る椅子」が欲しいという要望で、長さんが考えてくれたのが、この低座椅子だった。その頃はまだ座椅子といわれるものは普及していなかった。日本間に座った視線で作られていて、座面と背もたれは身体を包むこむように緩やかにカーブし、足を投げ出しても胡座《あぐら》を組んでも実に心地よい。

この低座椅子はグッドデザイン賞に輝き、今もロングセラーを続けている。

七代目幸四郎の祖父は、洋行の経験こそなかったが、西洋式がことのほか好きで、楽屋で西洋式の鏡台と椅子を使っていたという。ロココ調建築の帝劇での歌舞伎を演じる場合には、それはそれでよく似合っていたのだろう。

私の幼少期は敗戦直後で、家は畳に卓袱台《ちゃぶだい》で、椅子に座るのは学校くらいだった。それでも、西洋の模倣ではなく、日本人の身体にあった椅子、風土にあった椅子、感性にあった椅子が次々と生まれ、今や私たちの生活に欠かせないものになっている。
こうしてみると、歌舞伎の「合引」は椅子とはいえない存在のようだ。しかし、この小さな椅子一つで「役者を大きく見せる」という裏技、それはそれで、なかなか「傾《かぶ》いた」先人たちの知恵でもある。

（『東川町　椅子　コレクション2』二〇一七年　かまくら春秋社）

もうひとつのオペラ『アマデウス』

『アマデウス』は、九代幸四郎と共にありました。襲名の翌年、初役でサリエーリを演じて以来三五年、来年一月に二代白鸚襲名を控えて、これが幸四郎としては最後の『アマデウス』になります。

この作品は、一九七九年、ピーター・ホール演出でロンドンで初演を果たし、翌年にはブロードウェイで上演され、八一年にトニー賞に輝きました。初演から演出補として関わり、日本で長く演出をされたジャイルス・ブロック氏からバトンを引き継ぎ、二〇〇四年から私が演出を手がけています。オリジナルの演出は永遠のスタンダードともいうべき素晴らしいものですから、私はあくまでアレンジャーでありたいと思い、ひとりの俳優として舞台で感じたことを演出に生かしています。

タイトル『アマデウス』は、神に愛されし者。つまり、キリスト教国における神の解釈が物語のひとつの鍵になっています。敬虔なキリスト教徒であるサリエーリが、粗野で猥雑なモーツァルトの眩いばかりの才能に嫉妬し、最終的には神を恨んでしまうという構図は、神の存在なくしては語れません。ところが、宗教観の違いもあって、私たち日本人には、そのあたりのニュアンスをなかなか理解することができないように思いました。

そこで私は、作品における神を、誰もが心の内に持っている信じられる何か、つまり「善なる心」とでも言うべきものとしてとらえてみました。この「善なる心」が、自らを励ますよりどころと考えれば、サリエーリの嫉妬も、その後の懺悔も、とてもわかりやすくなるように思うのです。

モーツァルトは、行儀も悪く傍若無人に振る舞いながらも、父親の影に怯え、最後にはサリエーリに騙される小心で無垢なところがあります。彼の紡ぎ出す崇高で純粋な音楽との隔たりは、この物語の魅力でもあります。そうした人間のなかにある矛盾を、今回は今まで以上に掘り下げてみたいとも思っています。

この作品は戯曲として書かれていますが、緻密に組み立てられた台詞劇でありながら、全編に美しいモーツァルトの音楽が溢れています。劇中の音楽は、物語を構成する重要な要素になっていて、そういう意味ではオペラといってもいい。アリアのような長台詞とモーツァルトの旋律が重なり合い、時には絡み合って、物語の世界観を作り上げています。『アマデウス』はまさに、モーツァルトが作曲したもうひとつのオペラだと思います。

イギリスで生まれ、日本で育った『アマデウス』を、どうか心ゆくまでお楽しみいただきたいと思います。

（『アマデウス』プログラム　二〇一七年）

九代幸四郎対談

俳句と歌舞伎――金子兜太×九代幸四郎

金子　「酒止めようかどの本能と遊ぼうか」。以前の作ですが、どうでしょう。

幸四郎　誰でも一度は思いますよね。先生の作品を拝読すると、つい自分も作りたくなります。

金子　諧謔《かいぎゃく》、ユーモアは俳句の大事中の大事。芭蕉が出てきて季題が大事になり、諧謔が少し遠のいた。でも今は見直された。若い女性が大切にしています。

幸四郎　歌舞伎にもユーモラスな芝居がある。自分はせっぱ詰まり、困りはてている。おかしくない。でも、はたから見ると笑ってしまう。そんな主人公たちです。

金子　歌舞伎役者の句は、江戸中期から出ていますが、簡明ないい句がある。土着の部分で傾《かぶ》いているから、五七五という定型が、体でわかっている。あなたのおじいさんの初代中村吉右衛門は、高浜虚子の寵児《ちょうじ》でしたが、秀句がいくつもある。「雪の日や雪のせりふを口ずさむ」。感性の流れがなめらかです。

幸四郎　功なり名を遂げた大名優が、炬燵《こたつ》にあたりながら雪見障子ごしに作った風流な句か。最初はそんな印象でした。しかし、父白鸚の死の直後、翻然《ほんぜん》とこの句のイメージが変わった。父の死の翌朝、大阪の劇場へとんぼ返りした飛行機の窓から、雪を頂いた富士山が見えた。父が描いた富士の絵にそっくりなたたずまい。そうか、父が別れを告げにきたのだなと、雲海に消える富士を見ながらひとりで泣いた。大阪ではちょうど雪のせりふを言っていたせいもあります。そうだ、役者は雪の日だろうが親が死のうが、舞台の上で台詞を言っているのだな。俳句はなんと素晴らしいものかと、その時思いました。

金子　それはすごい体験だな。あなたの句集『俳遊俳談』にありますね。「幾千の木洩日ゐただき山眠る」。発想が積極的なことは、現代劇への挑戦姿勢と共通します。大岡信氏が「折々のうた」で、この句と共に挙げていた「真実も事実も溶ける大暑かな」も同様です。あなたは清新な言葉を大胆に使う。
幸四郎　「真実も――」の句は、暑い名古屋で公演をしていた時です。いろいろ辛い時期でしたが、楽屋で汗を拭いながら、思わず裸の自分がポンと出た。「事実は真実の敵だ」という出演作のミュージカル『ラ・マンチャの男』のテーマともだぶりました。
金子　おじいさんの句は、高浜虚子の模範生らしく、有季定型を肉体で受け止めている。味わいも古い。しかし、あなたの句は有季定型の現代作。伝統は捨てていないが、事物への意識の働きかけが新鮮です。「黒馬の水浴びてゐる昼下がり」なんて、歌舞伎の俳優が作る俳句の通念からはみ出している。おじいさんの句を超えている。はみ出す感覚は、私と共通する。

幸四郎　先生の印象深い句に「海咲いて庭中に青鮫が来ている」があります。

金子　わかりにくいかもしれませんが、私は好きです。青鮫は生命力。その蘇りを何となく感じてくれればいい。定型の伝統は守るが、中身は新鮮です。

幸四郎　もうひとつ。「谷に鯉もみ合う夜の歓喜かな」実にチャーミングな、日本人の土に根ざしたエロチシズムがありますね。現代に生きるアーティストには、こういう本物のエロスが大切ではないでしょうか。

金子　知とは本来、エロチックなものです。そうでないと本物ではない。歌舞伎もエロスの世界でしょう。

幸四郎　知性うんぬんはともかく、歌舞伎の舞台では男色や近親相姦《そうかん》はよくあります。それを男同士が演じるのですから、イノセントなアブノーマルな世界と申しましょうか。それはそうと、先生の句からはアニミズム（精霊崇拝）を感じます。「蛾《が》のまなこ赤光なれば海を恋う」がありますね。

金子　私の生き物感覚が働くから蛾の目が赤く見える。本当に赤いかどうかはわからない。地球上のあらゆるものが同じ生き物同士と、身をもって感じる。虫だろうが獣だろうが、同じ生き物として共感が持てる。「人間に狐ぶつかる春の谷」という句もあります。

幸四郎　ご不審に思うかもしれませんが、私は芸に悩む時に、死んだ祖父と霊界通信をします。歌舞伎の一ヶ月興行のうち、わずか一日、祖父なり父が乗り移ったように、よどみなく舞台を勤められる時があります。

金子　それも一種のアニミズムですな。歌舞伎にはそんな土着のにおい、生き生きとした体の感覚がある。俳句にも五七五という定型、土の部分があり、日本人にしみ入っている。田舎者の私は、この土を手放せない。現代俳句で、生きた人間を相手に格闘したおかげで、五七五のありがたさがわかった。現代を詰めないと、古典・土着の良さがわからない。しかし、定型を捨てた自由律は衰弱した。人間がおもしろい種田山頭火と尾崎放哉だけが残った。

幸四郎　古典歌舞伎の型を壊したり、ただ現代風におもしろくするのは、そう難しくない。でも、それは違うと思う。歌舞伎を単に現代化するのではなく、現代劇の心と歌舞伎の手法で、これからの歌舞伎を作りたい。そこでそれを実験する「梨苑《りえん》座」を結成しました。

金子　それは本歌取りですな。現代化ではなく、伝統の原点を失わない精神、方法です。現在の表現を生かせない古き良きものは、伝承であっても伝統ではない。

幸四郎　先生の句を、先生の口から肉声で聞くとよろしいですね。

金子　そうです。俳句も韻律の詩ですから、音読すべきです。黙読だとどうでもいい句だと思っていたのが、朗読したら、ある感銘が出た体験があります。

幸四郎　よくわかります。芝居の台詞もそう。台詞で難しいのは、喋っている時ではなく言葉を発する一瞬前の間の取り方。間は魔に通じるという先人の言葉がありますが、喋っていない時の方が難しい。また、声を出す事で大事なのは、発声法ではなく、間をはかる耳の訓練です。

金子　俳句ですと切れ字の使い方ですな。この間の取り方で映像が広がる。幸四郎さんの句「機関車の大暑の谷に入りけり」は、そこがうまい。「谷に」で一呼吸して風景がガーッと広がる。「入りけり」の切れ字で迫力が出る。

幸四郎　先生の「海とどまれりわれら流れてゆきしかな」。素晴らしい心の風景。涙がこぼれました。

（「朝日新聞」ARTIST MEETS ARTIST　二〇〇六年二月二一日夕刊）

美と悪の華――千住博×九代幸四郎

幸四郎　先生とお近付きになれましたのは、息子の市川染五郎がテレビ番組で絵をご指導いただいてからです。私は、ただの絵が好きな素人なもので、失礼な質問をするかもしれませんが。

千住　いえ、とんでもない。

幸四郎　早速ですが、私は、俳優という、美に大変関係のある仕事をしておりますけれど、先生は美について、どのようにお考えでしょうか。

千住　美というのは、生きることを応援する気持ちが元だと思います。たとえば、何かを食べて美味しいと感じる。これは美的体験で、元気や力が湧いてきて、生きていて良かったと思うようになるんですね。舞台や絵画を見ることも美的体験。生きていくことに対して、前向きに励ます感性を与えてくれるものが美だと思います。

幸四郎　同感ですね。舞台は、今でこそ写真やビデオで記録が残りますけれど、俳優にとって本当の美を生み出せるのは、幕が開いてから閉まるまでの短い時間だけのような気がします。幕が閉まってしまえば、その芸は消えてなくなってしまいます。

千住　ただ、人は働いている時が一番美しい。歌舞伎の役者さんは舞台で見得をして、最高の形で働いているところを皆さんがご覧になる。絵描きの場合は密室での作業で、全部ひとり（笑）。私も働いているところを見せたいですよ。羨ましいと思います。

幸四郎　九月は『不知火検校《しらぬいけんぎょう》』を演じるんですけれども。

千住　極悪非道の検校ですね。

幸四郎　そうなんです。平安初期に人康親王《さねやすしんのう》が目を患われ、詩歌や管弦を嗜まれたのが検校の発祥のようです。江戸時代には、目の悪い方の職業である盲官の最高位が検校と呼ばれ、学者として活躍した塙《はなわ》検校（塙保己一《はなわほきいち》）や生田流箏曲の始祖となった生田検校（生田幾一《いくいち》）など、枝分かれして巨大化していく。中には金融業を始めて、旗本や大名にお金を貸すうちに、人の道に外れる人間が生まれたようですね。

千住　それは興味深い役ですね。

幸四郎　河竹黙阿弥や鶴屋南北に代表されるように、悪人劇は歌舞伎に数多くございます。「悪の華」という言葉もありますが、悪が芸術的な意味での美に通じるか。どう、お考えですか。

千住　そうですね。まず、人間とは何なのかというと、生と死というものがわかっていて、他人の悲しみを自分の悲しみとして分かちあえる。死んでしまった人に対して、死んだ後の幸せを祈るんですね。これが人が持っている社会で、他人の痛みや悲しみに思いを寄せることなく無視するのが、反社会的行為である悪です。つまり悪というのは、人間の存在自体を問うことになると思うんですね。反社会的行為は、文明人として絶対にやってはいけないこと。ただ、きれいごとばかりで生きていけるほど、人間は単純な生き物ではない。

幸四郎　確かに。

千住　たとえば、不知火検校が悪事を働く姿に惹きつけられるのは、人間が心のバランスを保つためのいわくいいがたい興味だと思います。文学や芸術、演劇は、私たちの悪への興味を別の形に昇華させ、社会で生きていく疲れや歪みみたいなものを浄化する。おそらく本当に悪い人は、他人の悲劇や不幸に興味がないのでは。悪役を中心にした演劇や映画を見に行く人に悪い人はいないと、私は思うんですよ。

幸四郎　役作りの上でたいへん参考になるお話です。

千住　逆に、幸四郎さんにおうかがいしますが、悪役は演じておられておもしろいですか？

幸四郎　私は小心者の善人ですので（笑）。たいへんやりづらいですが、先祖の五代目松本幸四郎は、悪役で当てた俳優でした。五代目は左のこめかみにホクロがありまして。今でも当たり役の『伽羅先代萩《めいぼくせんだいはぎ》』の仁木弾正《にっきだんじょう》などを勤める時は、ホクロをつけるのが型になっています。そんな風にして、歌舞伎の世界は悪をも楽しんでしまう。

千住　歌舞伎の場合、悪役が高笑いしてのハッピーエンドとか、「これでいいんですか」と思うぐらいの内容の方がおもしろいし、あっけにとられ、印象に残ると思います。『不知火検校』も楽しみでならないのですよ。日頃の抑圧されたものを一気に晴らして、人間性を健全に保っていくのが演劇の役割。高度な文明社会ほど、その役割は大きな意味を持っていると思います。

幸四郎　そうですね。『不知火検校』も主人公が最後に高笑いするような「悪の華」をお見せできる糸口がつかめたような気がします。今日は、ほんとうにいいお話をうかがいました。

（新橋演舞場「九月大歌舞伎」プログラム　二〇一二年九月）

あとがきにかえて

「現在《いま》この瞬間《とき》」を生きる

松本白鸚

二代白鸚と名が変わり、喜寿を迎える歳になって、現在《いま》私はここに居ります。時の流れや街の景色の移り変わりを目のあたりにして、はるか来し方を懐く思うこともありますが、やはり私は現在《いま》が愛おしい。「現在《いま》この瞬間《とき》」を感じることが何よりも好きです。それは、私が舞台に生まれ、そして舞台に生きている人間だからでしょう。

今年になって、『一條大蔵譚《いちじょうおおくらものがたり》』の大蔵卿（染五郎時代の昭和四七年以来）、『傾城反魂香《けいせいはんごんこう》』の吃又《どもまた》（平成元年以来）、そしてこの暮れには国立劇場で二八年ぶりに『盛綱陣屋《もりつなじんや》』の盛綱を勤めます。各々久しぶりに勤める役が続きます。いずれの場合も、かつて演《や》った役を、もう一度勉強し直す気持ちで勤めてみたいと思いました。そして、役に扮して舞台に向かう時の新鮮な気持ちは、若い頃から少しも変わってはいないようです。

若い頃は、歌舞伎、ミュージカル、ストレートプレイと、それぞれのジャンルに向かうスタンスを苦労して切り換えることも多々ありましたが、いつの間にかその壁がなくなり、まるでギアチェンジがマニュアルからオートマチックに変わっていたという気持ちです。『勧進帳』の弁慶も『ラ・マンチャの男』のキホーテも『アマデウス』のサリエーリも、私の中では同じスタンスで向き合うことができるようになりました。

舞台は一期一会。毎日同じ芝居をしていても、まったく同じということはありません。共演する俳優の顔ぶれは変わらなくても、ひとりひとりの体調や心持ちは毎日違います。個人から醸し出される微妙な空気感は、同じ台詞を喋っていても変わります。言うまでもなく、お客さまは日々異なりますし、その日の天候や報道されるニュースによっても客席の空気は違うし、俳優の気持ちも変わります。それらが渾然一体となった中で、好むと好まざるに関わらず、その瞬間、瞬間に生きる俳優だからこそ、私はことさら現在《いま》を愛おしく思うのでしょう。

「現在《いま》この瞬間《とき》」を生きるということで言えば、それは俳句にも絵にも云えます。一瞬の心の揺れ動きが、フッと口をついて出る。その感情、目前の景色が、五、七、五という、日本語の美しいリズムである韻を踏んで綴られる。俳句という世界観こそ、「現在《いま》この瞬間《とき》」を凝縮した表現なのだと思います。

播磨屋の祖父（初代中村吉右衛門）は高浜虚子先生に師事していました。虚子先生は客観写生、花鳥諷詠を提唱された方ですから、祖父の句も、心理描写と自然写生が相まった、定型で季語もあり極めて端正な句です。私の思い出の中の祖父そのものと言ってもいい。凛としていて奥深く、余韻が広がるような句が残されています。

私はというと、俳句を学んだこともありませんので、むしろ自由奔放。見たまま、感じたままで、技巧などとは程遠く、ましてや歌舞伎俳優のたしなみの一つでもありません。

「あっ、この瞬間」と思うと、俳句になっている。そんな裸の句ばかりですが、どの句にも、懐かしい景色や思い出が浮かびます。


父の初代白鸚は、若い頃、絵描きになりたかったそうで、父の傍らには何時も絵筆がありました。

そんな父の姿を見ていたせいか、私もいつしか絵筆を執るようになりました。無論、こちらも自由奔放に変わりなく、墨、クレパス、鉛筆、水彩と、思うがままに描いているだけのことですが、未だに飽きることなく、暇さえあればスケッチブックを広げています。

父が絵の題材として好んだのは富士山で、幾つもの富士の絵が残っています。

そんなこともあって、新幹線からながめる裾野を広げた雄大な姿も、飛行機から見下ろす雲海を突く厳しい姿も、私にとっては父のように思え、旅先で富士が見えると、父が見守ってくれているような気がしてならないのです。

できないと「違う!」と怒るばかりの父でしたが、今から五〇年前、「ラ・マンチャの男」を私に演《や》らせたいと思ってくれたのも父でした。出演中のブロードウェイの楽屋に父から届いた手紙には、一枚の便箋に「俺はお前を信じている」と、まるでおにぎりのような大きな文字でたったひと言書いてありました。父は、そういう人だったのです。

両親の年齢を超え、家族もそれぞれに独立し、白鸚となって歌舞伎界での私の立場も変わってきました。私が現在を精一杯生きていられるのは、父母が各々の人生をちゃんと生きてくれたからだと思います。父の生き方、父を支え続けた母の生き方、それが今現在の二代白鸚をつくったのだとしみじみと思っています。

今日からまた私の新しい人生が拓けます。どのような芝居に出会い、また自分がどんな役者になるか、「現在《いま》、この瞬間《とき》」を愛すればこそ、私は二代白鸚として現在《いま》を生きていこうと思っています。

最後に、この「余白の時間」という自分の心の楽しみを本にまとめてくださった小野幸恵さん、デザイナーの荒田ゆり子さん、春陽堂書店の皆さんに心から感謝したいと思います。

二〇一九年一〇月吉日

「折々の句と絵」の俳句は、『俳遊俳談』（一九九八年　朝日新聞社）と『仙翁花』（二〇〇九年　三月書房）の俳句から、「エッセイ」「対談」は著者が発表した原稿を加筆、修正して再構成したものです。

歌舞伎の題名や用語に一部差別的表現が使われていますが、歌舞伎成立当時の時代背景を考慮し、そのまま用いました。

協力

株式会社朝日新聞社
株式会社ウエッジ
株式会社かまくら春秋社
株式会社集英社クリエイティブ
株式会社新潮社
株式会社文藝春秋社
公益財団法人ＮＨＫ交響楽団
公益財団法人日本俳優協会
松竹株式会社
国立劇場
新国立劇場
新橋演舞場
東宝株式会社
日本製紙連合会
有限会社論創社
早稲田大学校友会
株式会社シアター・ナインス

口絵

別丁『近江源氏先陣館』「盛綱陣屋」佐々木盛綱　撮影／加藤 孝
1頁「わざをぎの名残りの舞や若楓」
2頁「道化」／墨
3頁「花」／クレパス＋水彩
4頁「騎士と従者」　スペインにて／ペン
5頁「一四歳のハムレット」九代染五郎（十代幸四郎）初演によせて／墨
6頁「宗俊も肩をすぼめる寒さかな」『天衣紛上野初花』河内山を勤めて
7頁「上衣《うわぎぬ》はさもあらばあれ敷島のやまと錦は心にぞ着る　南洲和歌」
『西郷と勝』西郷隆盛を勤めて
8頁「虎図」／水彩

松本白鸚（まつもとはくおう）

歌舞伎俳優。一九四二年東京生まれ。

一九八一年九代目松本幸四郎、二〇一八年二代目松本白鸚を襲名。『勧進帳』弁慶役で一一〇〇回、全国四七都道府県上演を達成する。シェイクスピア四大悲劇を完結上演。ブロードウェイで『ラ・マンチャの男』、ウエストエンドで『王様と私』を全編英語で単独主演。『ラ・マンチャの男』は今年初演から五〇周年一三〇〇回を迎える。日本藝術院会員、二〇一二年文化功労者。

句と絵で綴る 余白の時間

二〇一九年一〇月四日　初版第一刷　発行

著者　松本白鸚
発行者　伊藤良則
発行所　株式会社 春陽堂書店
〒一〇四－〇〇六一
東京都中央区銀座三丁目一〇－九
KEC銀座ビル 九階九〇二
電話　〇三－六二六四－〇八五五（代）

企画・編集　小野幸恵
装丁・デザイン　荒田ゆり子
印刷・製本　ラン印刷社

乱丁本・落丁本はお取り替えいたします。
ISBN 978-4-394-90360-4